Hermann Knackfuß

Michelangelo

SEVERUS

Knackfuß, Hermann: Michelangelo
Hamburg, SEVERUS Verlag 2012
Nachdruck der Originalausgabe von 1897

ISBN: 978-3-86347-312-9
Druck: SEVERUS Verlag, Hamburg, 2012

Der SEVERUS Verlag ist ein Imprint der Diplomica Verlag GmbH.

Bibliografische Information der Deutschen Nationalbibliothek:
Die Deutsche Nationalbibliothek verzeichnet diese Publikation in der Deutschen Nationalbibliografie; detaillierte bibliografische Daten sind im Internet über http://dnb.d-nb.de abrufbar.

SEVERUS

Michelangelo

Von

H. Knackfuß

Mit 95 Abbildungen von Gemälden, Skulpturen und Zeichnungen

Michelangelo Buonarotti.

Bildnis von unbekannter Hand (angebliches Selbstbildnis) in der Uffiziengalerie zu Florenz.
(Nach einer Originalphotographie von Braun, Clément & Cie. in Dornach i. E. und Paris.)

Michelangelo.

Lodovico, Leonardos Sohn, Buonarroti Simoni, der Sproß eines alten Florentiner Adelsgeschlechts, wurde im Herbst 1474 von der Republik Florenz, deren Oberhaupt damals Lorenzo de' Medici war, mit dem Amt eines Podestà — Bürgermeisters und Richters — von Castello di Chiusi und Caprese betraut. Während dieser seiner Amtszeit, die auf ein halbes Jahr bemessen war, schenkte ihm seine Gattin Francesca den zweiten Sohn, worüber er folgenden Vermerk in das Familienbuch eintrug: „Ich bekunde, daß heute am 6. März 1474 mir ein Kind männlichen Geschlechts geboren worden ist; ich habe ihm den Namen Michelagnolo gegeben; er ist geboren am Montag Morgen gegen vier oder fünf Uhr, während ich Podestà von Caprese bin, und in Caprese ist er geboren. Paten waren die unten Genannten. Er wurde getauft am 8. desselben Monats in der Kirche S. Giovanni zu Caprese. (Es folgt die Nennung der Taufzeugen, neun an der Zahl.) Ich bemerke, daß es der 6. März 1474 nach Florentiner Rechnung ab incarnatione ist, nach römischer Rechnung a nativitate ist es 1475.“ Der Geburtstag ist demnach auch nach unserer Zeitrechnung der 6. März 1475. Der Florentiner Kalender begann das Jahr mit dem Tage der Menschwerdung des Herrn (25. März), der römische mit dem Tage der Geburt des Herrn; der Gebrauch, nicht den ersten, sondern den achten Tag nach der Christnacht als Anfangstag des Jahres zu betrachten und so die christliche Zeitrechnung mit dem altrömischen Kalender in Übereinstimmung zu bringen, kam erst im XVII. Jahrhundert zu allgemeiner Durchführung. Zu der Schreibweise des Namens Michelagnolo ist zu bemerken, daß dieselbe auf der Aussprache des Wortes angelo in alter Florentiner Mundart beruht.

Nach der Sitte der Zeit wurde dem Knaben das Horoskop gestellt; man fand, daß er unter verhängnisvollem und glücklichem Stern geboren sei, und las aus der Stellung der Gestirne, daß man von seiner Hand und von seinem Geiste wunderbare und staunenswürdige Dinge erwarten dürfe.

Als die Amtszeit Lodovicos abgelaufen war, kehrte er nach Florenz zurück und lebte zeitweilig auf seiner in der Nähe der Stadt, in dem Dorfe Settignano gelegenen Besitzung. Hier bekam der kleine Michelangelo als Amme eine Steinmetzenfrau, die auch Tochter eines Steinmetzen war; darum sagte er im Alter scherzweise zu seinem Schüler und Lebensbeschreiber Vasari, er habe die Bildhauerkunst mit der Ammenmilch eingesogen. Als Michelangelo heranwuchs und eine gelehrte Schule besuchte, benutzte er jeden freien Augenblick zum Zeichnen. Diese Nebenbeschäftigung wurde anfänglich vom Vater heftig getadelt; nachdem derselbe aber von der Unwiderstehlichkeit des künstlerischen Dranges, welcher Michelangelo erfüllte, sich überzeugt hatte, beschloß er, diese Neigung fruchtbar zu machen und seinen Sohn in der Malerei ausbilden zu lassen. So schloß Lodovico Buonarroti am 1. April 1488 mit Domenico Ghirlandajo, dem trefflichsten Maler von Florenz — damals unbestritten der ersten Kunststadt Italiens — und mit dessen Bruder David einen Vertrag, wonach Michelangelo bei ihnen in dreijähriger Lehrzeit die Malerei erlernen sollte; für die Dienste, welche er seinen Meistern in dieser Zeit leisten würde, sollte er eine Vergütung von 24 Gulden oder 96 Lire (= ungefähr 165 Mark) bekommen. In den Lebens-

Abb. 1. Faunkopf. Federzeichnung in der Sammlung des Louvre in Paris.
(Nach einer Originalphotographie von Braun, Clément & Cie. in Dornach i. E. und Paris.)

beschreibungen Michelangelos, welche von Vasari und von Condivi — gleichfalls einem seiner Schüler — herausgegeben wurden, ist mancherlei erzählt von den Proben ungewöhnlicher Begabung, durch welche der dreizehnjährige Michelangelo das Staunen seines Lehrers und seiner Mitschüler erregte. Besondere Bewunderung fand auch außerhalb der Werkstatt eine gemalte Nachbildung des berühmten Kupferstichs von Martin Schongauer, welcher den heiligen Einsiedler Antonius darstellt, wie er von Teufeln in der Luft umhergezerrt wird. Wie der deutsche Meister die tierischen Formen, in welche er die Teufelsgestalten kleidete, mit gewissenhafter Sorgfalt nach der Natur gezeichnet hatte, so studierte der junge Michelangelo auf dem Fischmarkte die Farben der Schuppen, der Flossen und der Augen verschiedener Fische, um die naturgetreuen Formen mit einer entsprechenden Naturtreue der Farben bemalen zu können. Diese bis ins kleinste gehende Gewissenhaftigkeit des Naturstudiums war ein Zug der Zeit, und sie entsprach wohl so recht dem Geiste, der in Ghirlandajos Werkstatt lebte. Eine Zeichnung nach dem Wirklichen war es auch, durch welche Meister Domenico zu der Äußerung hingerissen wurde, daß der Lehrling mehr verstehe als er selber: Michelangelo hatte, als Ghirlandajo an dem Freskenschmuck von S. Maria Novella arbeitete, das Malergerüst mit einigen darauf beschäftigten Gehilfen naturgetreu abgezeichnet. Die Geschicklichkeit seiner Hand übte der junge Maler, indem er Kupferstiche alter Meister Strich für Strich bis zur Erzielung einer vollkommenen Täuschung mit der Feder nachbildete. Von der erstaunlichen Gewandtheit in der Handhabung der Zeichenfeder, die sich Michelangelo auf diese Weise erwarb, machte er bei der Ausführung seiner Studien und Einfälle gern Gebrauch. Es gibt Federzeichnungen von ihm, in denen eine unvergleichliche Durchbildung der Formen erreicht und in denen der Weg gleichsam vorgezeichnet ist, auf welchem die Kupferstecherkunst zur größten Vollkommenheit gelangen sollte. Als Beispiel mag der in der Sammlung des Louvre befindliche Faunkopf dienen, mit dessen scharfen, wunderlichen Zügen der junge Michelangelo eine ihn nicht befriedigende Rötelzeichnung eines weiblichen Profils zugedeckt hat (Abb. 1).

Lorenzo de' Medici, dem die Zeitgenossen den von der Geschichte festgehaltenen Beinamen il Magnifico, der Herrliche, gaben, empfand es in seiner allseitigen Fürsorge für den Glanz des von ihm geleiteten Staatswesens als einen Mangel, daß Florenz sich nicht mehr in dem gleichen Maße durch den Ruhm seiner Bildhauer, wie durch denjenigen seiner Maler auszeichnete. Darum richtete er in seinem Garten auf dem Platz S. Marco eine Art von Kunstschule ein, deren Leitung er dem Aufseher seiner Antikensammlung, dem Bildhauer Bertoldo, übertrug. Bertoldo war ein Schüler des berühmten Donatello; wegen seines hohen Alters arbeitete er selbst nicht mehr, aber er galt für einen ausgezeichneten Lehrer. Als Lorenzo sich an Ghirlandajo mit der Anfrage wandte, ob er in seiner Werkstatt vielleicht junge

Leute habe, welche Neigung zur Bildhauerei bekundeten, sandte ihm dieser einige seiner besten Schüler zu, darunter Michelangelo. Nachdem dieser durch seine ersten Thonmodellierungen schon die besondere Aufmerksamkeit Lorenzos erregt hatte, versuchte er sich alsbald, obgleich er nie zuvor einen Meißel in der Hand gehabt hatte, an einem Stückchen Marmor und meißelte nach einem verstümmelten antiken Faunkopf eine grinsende Maske; Michelangelo verschärfte den Ausdruck des Vorbilds und ließ zwischen den zum Lachen verzogenen Lippen die Zähne hervorblicken. Lorenzo sah das Werk und bewunderte den Mut und die Selbständigkeit des jungen Künstlers. Da er scherzend bemerkte, es sei doch ein Fehler an der Arbeit, denn so alte Leute könnten kein so vollständiges Gebiß mehr haben, meißelte Michelangelo nachträglich mit kindlicher Gewissenhaftigkeit eine naturgetreue Zahnlücke in den Mund seiner Maske. Diese Faunmaske wird jetzt im Nationalmuseum zu Florenz gezeigt. Das Erstlingswerk des vierzehnjährigen Bildhauers ist eine Karikatur, und man braucht es nicht vom künstlerischen Standpunkt aus zu betrachten. Aber es hat die Bedeutung, daß es dem Michelangelo den Weg gebahnt hat. Lorenzo fand an der Fähigkeit und dem Wesen des jungen Künstlers solches Gefallen, daß er denselben unter seine Hausgenossen aufnahm. Dem Vater Michelangelos, der aus seinem altererbten Landbesitz nur ein kümmerliches Einkommen zog, versprach er zum Dank für seine Einwilligung ein Amt, und als derselbe um eine freigewordene Stelle beim Zollamt bat, übertrug er ihm diese, die Bescheidenheit des Wunsches mit den Worten mißbilligend: „Du wirst immer arm bleiben.“ Dem Michelangelo selbst wies er zur Unterstützung seines Vaters ein monatliches Einkommen von fünf Dukaten an und schenkte ihm als besondere Gunstbezeugung einen violetten Mantel.

So lebte Michelangelo über drei Jahre lang, von 1489—1492, im Mediceerpalast. Er speiste mit den Söhnen des Staatsoberhauptes, er genoß die Unterweisungen von deren Erzieher, dem berühmten Gelehrten und Dichter Poliziano, und bewegte sich in den bunten Gesellschaften und den Versammlungen geistreicher Männer, die das Haus des großen Mediceers belebten.

Zwei Marmorwerke, welche Michelangelo in jener Zeit nach eigener Erfindung aus-

Abb. 2. Madonna. Marmorrelief.
In der Sammlung Buonarroti zu Florenz.

führte, werden in der Kunstsammlung des Hauses Buonarroti zu Florenz aufbewahrt. Beides sind halberhabene Arbeiten, aber von ganz verschiedener Art. Das eine ist ein Madonnenbild, in flachem, zartem Relief in der Weise Donatellos, des Altmeisters der Florentiner Renaissance, ausgeführt. Man sieht die Jungfrau ganz von der Seite; sie sitzt in ruhiger Würde, das Kind unter Reckenhaftigkeit und der ungestümen Wucht der Männerleiber, die in wildem Kampfe durcheinander wogen, kommt die Eigenart Michelangelos machtvoll zum Durchbruch. Die Ausführung der nackten Körper ist so vollkommen, daß sie bei einem so jugendlichen Bildhauer geradezu unbegreiflich erscheint, und Vasari sagt mit Recht, daß man nicht das Werk eines jungen Mannes,

Abb. 3. Kampf der Lapithen und Centauren. Marmorbildwerk in der Casa Buonarroti zu Florenz.

dem Mantel an die Brust legend, auf einem Stein am Fuß einer Treppe, auf welcher sich mehrere Kinder bewegen (Abb. 2). Das andere Bildwerk, von Michelangelo auf eine von Poliziano gegebene Anregung hin geschaffen, stellt den Kampf der Lapithen und Centauren vor (Abb. 3). Hier hat der junge Künstler neue und selbständige Wege betreten. In dem freien, stark hervorspringenden Relief erkennt man das Studium antiker Sarkophagbildwerke; aber in der sondern das eines angesehenen, in seinen Studien durchgebildeten und in seiner Kunst erfahrenen Meisters zu sehen glaube. Es wird erzählt, daß Michelangelo in späterem Alter beim Anblick dieser Jugendarbeit es seufzend beklagt habe, daß es ihm nicht gestattet gewesen sei, sich ausschließlich der Bildhauerkunst zu widmen.

Eine Quelle der Belehrung waren für Michelangelo, wie für das ganze damalige Künstlergeschlecht von Florenz, die in den zwanziger Jahren des XV. Jahrhunderts gemalten Fresken des Masaccio in der Brancacci-Kapelle der Kirche del Carmine. Michelangelo zeichnete die bewunderten Vorbilder mit größerem Geschick nach, als irgend einer der anderen, die sich dem gleichen Studium hingaben. Der Neid erwachte und die Feindseligkeit der Neider wurde gesteigert durch Michelangelos Fehler, sich über die schlechten Zeichnungen seiner Genossen lustig zu machen. Eines Tages versetzte ihm einer der jungen Leute, welche in der Brancacci-Kapelle zeichneten, Pietro Torrigiano, der auch Michelangelos Mitschüler im Garten von S. Marco war, einen so heftigen Faustschlag ins Gesicht, daß er ihm das Nasenbein zertrümmerte. Torrigiano floh nach dieser That und wurde aus Florenz verbannt; Michelangelo blieb zeitlebens entstellt.

Dem sorgenfreien und anregenden Leben an dem glanzvollen Mediceerhofe machte der Tod Lorenzos des Herrlichen (am 8. April 1492) ein Ende. Michelangelo kehrte in das Haus seines Vaters zurück. Er kaufte einen unbenutzt liegenden Marmorblock und meißelte daraus einen Hercules. Dieses überlebensgroße Standbild kam im Palazzo Strozzi zur Aufstellung; 1529 wurde es verkauft und von seinem neuen Besitzer an König Franz I von Frankreich geschickt; im XVII. Jahrhundert stand es in einem Garten von Fontainebleau; dieser Garten wurde 1713 zerstört, um für neue Anlagen Platz zu schaffen, und Michelangelos bewunderter Hercules ist seitdem verschwunden. Verschwunden ist auch ein kleines Bildwerk, welches Michelangelo im Jahre 1494 ausführte: ein hölzernes Kruzifix, das auf dem Hochaltar der Kirche S. Spirito zu Florenz aufgestellt wurde. Der Prior von S. Spirito bewies dem jungen Künstler seine Dankbarkeit, indem er ihm im Kloster mehrere Zimmer zur Verfügung stellte, wo derselbe ungestört seinem Wissensdrang Genüge thun und durch das Zergliedern von Leichen sich eine eingehende Kenntnis vom Bau des menschlichen Körpers verschaffen konnte. Michelangelo betrieb das Studium der Anatomie mit großer Gründlichkeit; dasselbe ersetzte ihm beinahe gänzlich das Studium

Abb. 4. Anatomische Studien. Federzeichnung in der Uffiziengalerie zu Florenz.
(Nach einer Originalphotographie von Braun, Clément & Cie. in Dornach i. E. und Paris.)

Abb. 5. Studie nach dem Leben. Rötelzeichnung in der Sammlung der Kunstakademie zu Venedig. (Nach einer Originalphotographie von Braun, Clément & Cie. in Dornach i. E. und Paris.)

nach dem lebenden Modell. Unter den Zeichnungen, welche sich von seiner Hand erhalten haben, finden sich mehrfach anatomische Skizzen (Abb. 4 und 9). Sogenannte Aktstudien nach dem Leben kommen verhältnismäßig selten vor; sie sind aber wundervoll ausgeführt und bekunden auch ihrerseits das gediegenste anatomische Wissen (Abb. 5). Die größte Mehrzahl der Studienblätter Michelangelos — gleichviel ob sie seiner Jugendzeit oder seinem Alter angehören — lassen erkennen, daß der Meister aus dem Gedächtnis, auf Grund seiner vollkommenen Kenntnis der Knochen und Muskeln, sich über die gerade in Frage kommende Ansicht eines menschlichen Körpers oder Körperteils Rechenschaft zu geben gesucht hat; die Haut erscheint dabei sozusagen nur wie ein dünner Überzug über den formbestimmenden Teilen (Abb. 6).

Piero de' Medici, Lorenzos Sohn und Nachfolger, hatte nicht dessen glänzende Eigenschaften geerbt. Zwar setzte er den Michelangelo, der ihm in dem ungewöhnlich kalten Januar des Jahres 1494 den Gefallen that, im Hof des Palastes einen kunstvollen Schneemann aufzubauen, wieder in die Stellung ein, welche derselbe unter Lorenzo inne gehabt hatte, aber er schätzte einen spanischen Schnellläufer ebenso hoch, wie den jungen, schon so großen Künstler. Florenz ertrug die Herrschaft Pieros nicht lange; im November 1494 wurden die Mediceer vertrieben. Michelangelo ging diesem Ereignis, das er herannahen sah, aus dem Wege; der Traum eines Freundes, dem Lorenzo der Herrliche warnend erschienen, soll ihn veranlaßt haben, Florenz zu verlassen. Er begab sich zunächst nach Venedig und dann, da er dort keine Beschäftigung fand, nach Bologna, wohin sich auch die Mediceer geflüchtet hatten. Hier brachte ihn der Umstand, daß er es versäumt hatte, sich ein Kennzeichen geben zu lassen,

Abb. 6. Armstudien. Rötelzeichnung in der Sammlung der Kunstakademie zu Venedig. (Nach einer Originalphotographie von Braun, Clément & Cie. in Dornach i. E. und Paris.)

Abb. 7. Engel als Leuchterträger.
Marmorfigur in der Kirche S. Domenico zu Bologna.

welches zu tragen das Mißtrauen der städischen Regierung jedem Fremden vorschrieb, in Verlegenheit. Er wurde zu einer Geldstrafe von 50 Bologneser Pfund — eine Summe, die auf ungefähr 64 Mark berechnet wird, — verurteilt, und er besaß nicht mehr so viel Geld. Einer der Stadtvorsteher, Giovan Francesco Aldovrandi, hatte Mitleid mit dem jungen Künstler, befreite ihn aus seiner Verlegenheit und gab ihm ehrenvolle Beschäftigung. An dem berühmten Grabmal (Arca) des heil. Dominicus hatte der kurz vorher verstorbene Bildhauer Niccolo von Bari — gewöhnlich nach seiner Thätigkeit an eben diesem Werk Niccolo dell' Arca genannt — das kleine Standbild des heiligen Petronius unfertig zurückgelassen, und zu einem leuchtertragenden Engel, mit dem er das Grabmal an der einen Seite geschmückt hatte, fehlte das Gegenstück. Michelangelo machte den Engel (Abb. 7) und vollendete das Heiligenbild. Beide Figuren, die durch ihren eigentümlich derben Faltenwurf sich von den Arbeiten der älteren Meister augenfällig unterscheiden, befinden sich noch an ihren Plätzen. Eine Figur des heiligen Proculus, welche Michelangelo außerdem noch für das Grabmal des heil. Dominicus gemacht haben soll, ist nicht mehr vorhanden. Michelangelo blieb länger, als es die Ausführung dieser verhältnismäßig geringfügigen Arbeiten erforderte, in Bologna. Sein Gönner Aldovrandi, dem es besonderen Genuß bereitete, wenn Michelangelo in seiner toskanischen Aussprache aus den Werken der großen toskanischen Dichter Dante, Petrarca, Boccaccio vorlas, hätte ihn gern dort festgehalten. Aber noch im Laufe des Jahres 1495 kehrte Michelangelo, der in Bologna seine Zeit zu verlieren glaubte, nach Florenz zurück. Hier stand damals der begeisterte Prediger Savonarola an der Spitze des Volkes; auf dessen Veranlassung wurde im Palast der Signoria der große Saal erbaut, der die Versammlungen der durch die neue Verfassung geschaffenen zahlreichen Volksvertretung aufnehmen sollte. Es heißt, daß neben anderen berühmten Künstlern auch Michelangelo ungeachtet seiner Jugend über diesen Saalbau um Rat gefragt worden sei.

Ein Angehöriger einer Nebenlinie des Mediceerhauses, Lorenzo di Pierfrancesco (d. h. Pierfrancescos Sohn), hatte in Florenz verbleiben dürfen. Für diesen führte Michelangelo einen „Giovannino“ (Johannes der Täufer als Knabe) in Marmor aus. Der Giovannino war jahrhundertelang verschollen, er scheint wiedergefunden zu sein in einer jetzt im Berliner Museum befindlichen Figur, welche Johannes als einen halbwüchsigen Knaben darstellt, der im Begriff ist, den aus einer Honigwabe in ein Ziegenhorn

Abb. 8. Johannes der Täufer als Knabe. Marmorfigur im Museum zu Berlin.

geträufelten Honig zu kosten (Abb. 8). Diese merkwürdige Figur weist in ihrer ganzen Erscheinung auf zwei verschiedene Quellen hin, aus denen ihr Urheber Belehrung geschöpft hat: teilweise, besonders im Kopf, läßt sie jenen strengen Realismus erkennen, der für das XV. Jahrhundert bezeichnend ist, und teilweise bekundet sie ein verständnisvolles Studium der idealen Gebilde der antiken Kunst. In seinem nächsten Marmorwerk, einem schlafenden Liebesgott, folgte Michelangelo ganz dem Vorbild der Antike, und dies gelang ihm so gut, daß Lorenzo di Pierfrancesco ihm riet, er solle der Figur künstlich ein altes Aussehen geben, dann könnte er sie in Rom als antik verkaufen. Ein geschäftskluger Zwischenhändler machte sich diesen Gedanken zu nutze, brachte den Liebesgott nach Rom und verkaufte ihn dem Kardinal Riario als eine eben ausgegrabene Antike; nicht zufrieden damit, den Käufer betrogen zu haben, betrog er auch den Künstler, indem er ihm von 200 Dukaten, die er bekommen, nur 30 auszahlen ließ. Als der Kardinal durch einen Boten, den er nach Florenz schickte, um über die Herkunft der Figur Erkundigungen einzuziehen, von Michelangelo erfuhr, daß dieser der Schöpfer des schlafenden Cupido sei, machte er aus Verdruß darüber, daß er sich hatte täuschen lassen, den Handel rückgängig. Zugleich aber gab er Veranlassung, daß Michelangelo nach Rom übersiedelte. Es wird erzählt, der kunstverständige Bote Riarios habe sich von der hohen Meisterschaft Michelangelos überzeugt durch den Anblick einer Hand, welche derselbe gerade zeichnete, als er ihn durch seinen Besuch überraschte. In der That hat Michelangelo Hände so trefflich gezeichnet, wie wohl kaum ein anderer vor oder nach ihm; man braucht bloß das Skizzenblättchen aus der Oxforder Sammlung zu betrachten, auf welchem er ein und dieselbe Hand dreimal, mit jedesmaliger Steigerung von Ausdruck und Charakter, wiedergegeben hat (Abb. 9). — Der Cupido kam später in den Besitz der Markgräfin Isabella von Mantua, die ihn anfangs auch für antik hielt, nachher aber in ihm ein Werk, das als moderne Arbeit nicht seinesgleichen habe, schätzte. Wo der Cupido seitdem verblieben, ist ungewiß.

Am 25. Juni 1496 kam Michelangelo in Rom an. Er schrieb alsbald an Lorenzo di Pierfrancesco de' Medici einen (im Staatsarchiv zu Florenz noch vorhandenen) Brief, aus dem wir erfahren, daß er sich gleich nach seiner Ankunft dem Kardinal Riario vorstellte, daß dieser ihn freundlich aufnahm und ihn mit der Ausführung einer lebensgroßen Marmorfigur beauftragte; daß Michelangelo jenen Zwischenhändler, der das Geschäft mit dem Cupido gemacht hatte, aufsuchte, um sich die Figur, gegen Zurückerstattung des dafür empfangenen Geldes, wiedergeben zu lassen, daß dieser ihm aber ganz grob antwortete, lieber würde er das Kind in hundert Stücke schlagen; ferner, daß Lorenzo dafür gesorgt hatte, daß es dem jungen Künstler während der ersten Zeit seines Aufenthaltes in Rom nicht an Gelde fehle.

Indessen sah sich Michelangelo in der Hoffnung, daß der Kardinal Riario, bei dem er fast ein Jahr lang wohnte, ihm reichliche Beschäftigung geben würde, getäuscht; auch von jener gleich anfangs bestellten Figur ist keine Rede mehr. Die erste Arbeit, welche er in Rom ausführte, war bescheiden genug: der Barbier des Kardinals vergnügte sich damit, in Tempera zu malen, und Michelangelo zeichnete ihm einen heil. Franciscus auf, den jener dann in Farben setzte; das Bild wurde auf einem Altar der Kirche S. Pietro in Montorio aufgestellt und ist später verschwunden. Mehrere höchst dankbare Aufträge aber, durch deren glänzende Ausführung er in Rom alsbald zur höchsten Berühmtheit gelangte, verschaffte ihm die Bekanntschaft mit einem römischen Edelmann, Namens Jacopo Galli. Dieser bestellte bei ihm zwei lebensgroße mythologische Marmorbilder, einen Cupido und einen Bacchus. Der Cupido hat das Schicksal so vieler Jugendwerke Michelangelos geteilt, er ist verschollen; ob man

Abb. 9. Drei Studien einer Hand und anatomische Skizze eines Rückens. Federzeichnung im Kabinett Taylor zu Oxford. (Nach einer Originalphotographie von Braun, Clément & Cie. in Dornach i. E. und Paris.)

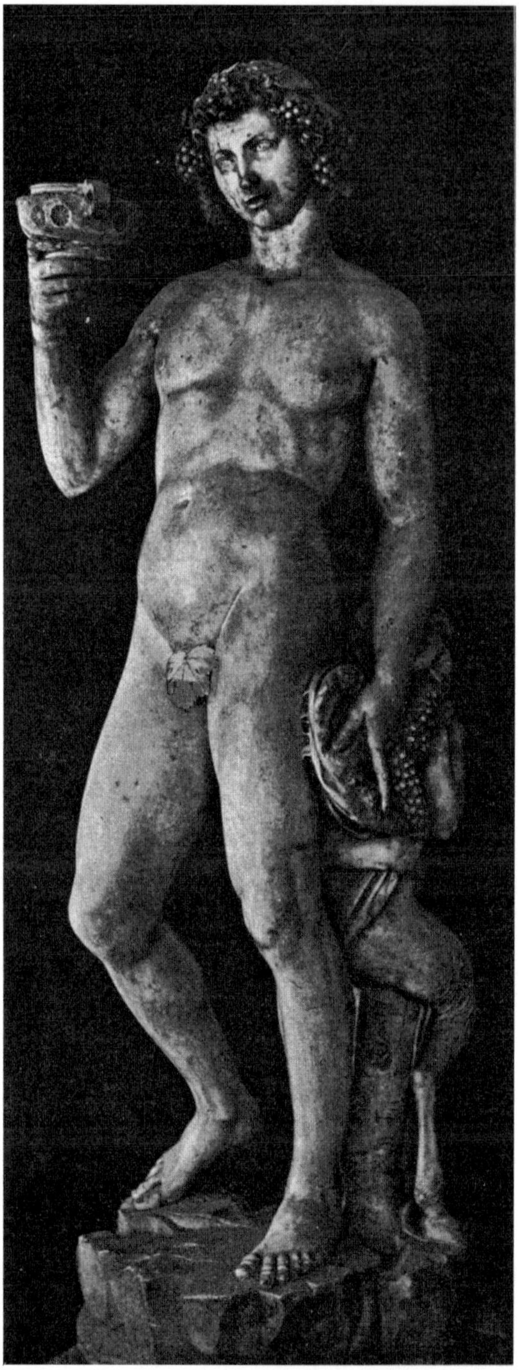

Abb. 10. Bacchus. Marmorfigur im Nationalmuseum zu Florenz.

tonmuseum zu London gekommen ist, erscheint fraglich. Der Bacchus aber ist wohlerhalten als das erste ganz unbezweifelte Zeugnis von Michelangelos Kunst, lebensgroße Gestalten aus einem Marmorblock herauszuhauen; er befindet sich im Nationalmuseum zu Florenz. Michelangelo hatte Gelegenheit genug, antike Bacchusbilder zu sehen, und er hat sich auch nach diesen gerichtet, insofern er eine hochgewachsene Jünglingsgestalt mit weichen Formen wiedergab. Aber selbstverständlich konnte und wollte er in dem Gott des Weines keine Gottheit darstellen. Sein Bacchus feiert den Genuß des Weines; er gibt sich mit Behagen der seligen Stimmung des Rausches hin, und eine leichte Gedunsenheit seiner Körperformen verrät, daß er diesen Genuß nicht zum erstenmal kostet; er steht unsicher auf den Füßen, und mit einem Blick, der stier zu werden beginnt, liebäugelt er lächelnd mit dem erhobenen Trinkgefäß in seiner Rechten, während seine Linke in dem Traubenvorrat wühlt, den ein naschender kleiner Faun bereit hält. Dabei bewegt sich die ganze Verbildlichung des Weinrausches, so sprechend sie auch ist, in einer Maßhaltung, wie sie eben nur die Antike lehren konnte (Abb. 10). Daß Michelangelo sich dem mächtigen Eindruck der antiken Kunst, die ihm in Rom viel reicher und viel herrlicher entgegentrat, als in dem Schulgarten zu Florenz, nicht verschloß, daß er namentlich auch von ihr lernte, Kraftfülle mit Ebenmaß zu verbinden, spricht deutlich aus den dieser Zeit angehörigen Studienblättern (Abb. 11).

Durch Jacopo Gallis Vermittelung empfing der junge Meister von dem französischen Gesandten in Rom, Jean de Groslaye de Villiers, Abt von St. Denis und Kardinal des Titels von S. Sabina, den Auftrag, eine Pietà — die Mutter Maria mit dem Leichnam Christi — für die Kapelle des französischen Königs in der Peterskirche zu Rom zu meißeln. Der endgültige Vertrag hierüber, der sich noch im Archiv des

ihn in einer knieenden Figur mit Bogen und Köcher wiedererkennen darf, welche aus einer italienischen Sammlung in das Kensing-

Hauses Buonarroti befindet, wurde am 26. August 1498 geschlossen; Galli, der denselben für Michelangelo unterzeichnet hat, verspricht darin, daß das Werk so werden solle, wie kein zur Zeit lebender Meister es besser machen könnte. Dieses Versprechen hat Michelangelo voll eingelöst. Er schuf die weltberühmte Gruppe, welche sich, nachdem die Kapelle der französischen Könige durch den Neubau der Peterskirche zerstört worden, in der nach ihr benannten Capella della Pietà dieser Kirche befindet. Ältere Künstler hatten in der Darstellung dieses unzähligemal behandelten Gegenstandes durch eine möglichst herbe Schilderung von Tod und Mutterschmerz ergreifend zum Beschauer zu sprechen versucht. Michelangelo streifte alle Fesseln der Überlieferung ab. Er ließ die Mutter in all ihrem Schmerz die ruhige Schönheit des Antlitzes bewahren. Den Christuskörper bildete er als einen Leichnam, an dessen Totsein niemand zweifeln kann; er benutzte dazu eine Studie, die er nach einer wirklichen Leiche zeichnete (Abb. 12); aber er verklärte den Leichnam mit idealer Schönheit, er schuf eine Gestalt, welcher der Tod seine Merkmale ohne alle entstellenden Züge aufgedrückt hat, die Gestalt eines göttlichen Toten, der gestorben ist, um wieder aufzuerstehen. Durch ein Mittel künstlerischen Gegensatzes hat der Meister es verstanden, die ruhige Schönheit des Leichnams in erhöhtem Maße zur Geltung zu bringen, indem er die Gewänder Marias in tiefen, durch malerischen Wechsel von Licht und Schatten belebten Falten ausarbeitete (Abb. 13). Von den Zeitgenossen nahmen einige, an die realistische Auffassung früherer Meister gewöhnt, an der jugendlichen Schönheit des Madonnengesichts Anstoß; Michelangelo rechtfertigte es mit theologischer Gelehrsamkeit, daß die jungfräuliche Mutter in unvergänglicher Jugend darzustellen sei. In der Pietà der Peterskirche zeigt Michelangelo sich nicht nur frei von dem Herkommen der früheren florentinischen Kunst, sondern er erscheint auch unabhängig von der unmittelbaren Einwirkung der Antike; hier steht er zum erstenmal ganz in seiner selbständigen Künstlerpersönlichkeit da. Gleich als ob ihm selbst dieses zum Bewußtsein gekommen wäre, hat er dieses Werk allein unter seinen sämtlichen Schöpfungen mit seinem Namen bezeichnet. Vasari weiß über diese Namensinschrift ein Geschichtchen zu erzählen: Michelangelo hätte eines Tages gehört, wie in einer Gesellschaft von Fremden, welche das Werk bewunderten, ein Mailänder Bildhauer als der Schöpfer desselben genannt worden sei; daraufhin sei er in der Nacht mit einem Licht hingegangen und habe seinen Namen in das Schulterband der Maria gemeißelt. In der Folgezeit durfte er mit gerechtem Stolz die Überzeugung hegen, daß niemand mehr seine Schöpfungen einem anderen Urheber zuschreiben würde.

Abb. 11. Bewegungsstudie. Federzeichnung in der Sammlung des Louvre zu Paris.

Während Michelangelo in Rom unsterbliche Werke schuf, führte sein Vater in Florenz ein kümmerliches Leben; derselbe hatte sein Amt durch die Vertreibung der Mediceer verloren, und die schlimmen Zustände der Stadt, in welcher infolge der endlosen Unruhen im Innern und der kriegerischen Verwickelungen nach außen Hunger und Teuerung herrschten, brachten ihn in arge Bedrängnis. Sehnsüchtig harrte er auf die Heimkehr seines Sohnes, der ihn von Rom aus nach Kräften unterstützte. „Ihr mögt mir glauben,“ schrieb Michelangelo in jener Zeit seines römischen Aufenthalts, wo die Hoffnungen auf große Aufträge noch unerfüllt blieben, „daß auch ich Ausgaben und Mühen habe; aber was Ihr von mir verlangen werdet, das werde ich Euch schicken, und wenn ich mich als Sklave verkaufen müßte.“ Nach der Vollendung der Pietà sorgte Michelangelo auch für seine jüngeren Brüder Buonarroto und Giovan Simone; er ermöglichte ihnen die Begründung eines Geschäfts, in welchem Wollstoffe bereitet und verkauft wurden. Buonarroto hatte diesen Beruf erlernt; er war bis zu dem Zeitpunkte, wo die Unterstützung Michelangelos ihm die Selbständigkeit ermöglichte, in dem Geschäft des berühmten Hauses Strozzi thätig; er kam zu Wohlstand und Ansehen, nahm mehrmals an der Regierung seiner Vaterstadt teil und wurde vom Papst Leo X durch den Grafentitel geehrt; von ihm stammt das heute noch lebende Geschlecht der Buonarroti ab. Giovan Simone hatte wissenschaftlichen Studien obgelegen und genoß als Dichter einen gewissen Ruf; ihm behagte die kaufmännische Thätigkeit nicht lange, er zog es vor, in planlosen Reisen die Welt zu durchstreifen, und bereitete seinem Vater und Michelangelo schweren Kummer. Michelangelos älterer Bruder, Leonardo, hatte schon einen Beruf gefunden, ehe jener nach Rom ging; von den Predigten Savonarolas entzündet, war er in den Dominikanerorden eingetreten. Der jüngste Bruder endlich, Sigismondo, sechs Jahre jünger als Michelangelo, ergriff das Kriegshandwerk und folgte den Fahnen verschiedener Condottieri.

Abb. 12. Studie nach einer Leiche. Federzeichnung in der Albertina zu Wien.

Im Jahre 1501 kehrte Michelangelo, den Wünschen seines Vaters folgend, nach Florenz zurück. Er brachte einen Auftrag mit, den wieder Jacopo Galli vermittelt hatte. Der Kardinal Francesco Piccolomini, der zwei Jahre später als Pius III den päpstlichen Thron bestieg, bestellte bei Michelangelo den Figurenschmuck der Kapelle, welche er im Dom zu Siena zum Gedächtnis seines großen Oheims Äneas Silvius (Papst Pius II) hatte erbauen lassen. Fünfzehn kleine Figuren sollten zur Ausführung kommen: Christus, Apostel und andere Heilige, zwei Engel; außerdem sollte eine Figur des heiligen Franciscus fertig gemacht werden, welche Michelangelos gewaltthätiger Jugendgenosse Torrigiano, der die Kunst verließ, um sich den wilden Söldnern des Cesare Borgia einzureihen, unvollendet hatte stehen lassen. Michelangelo führte innerhalb der nächsten drei Jahre vier von den Heiligenfiguren aus; dann ließ er diese Arbeit liegen, ungeachtet der Unannehmlichkeiten, welche ihm hieraus erwuchsen. Es ist erklärlich, daß es ihm nicht mehr zusagte, einfache Heiligenbilder zu meißeln. Denn die Vaterstadt beschäftigte ihn mit Aufgaben, welche höhere Anforderungen an seine Leistungsfähigkeit stellten und in denen seine eigentlichste Begabung, der Sinn für das Riesenmäßige und Gewaltige, zur Offenbarung kommen sollte.

Kurze Zeit nach der Unterzeichnung

Abb. 13. Pietà. Marmorgruppe in der Peterskirche zu Rom

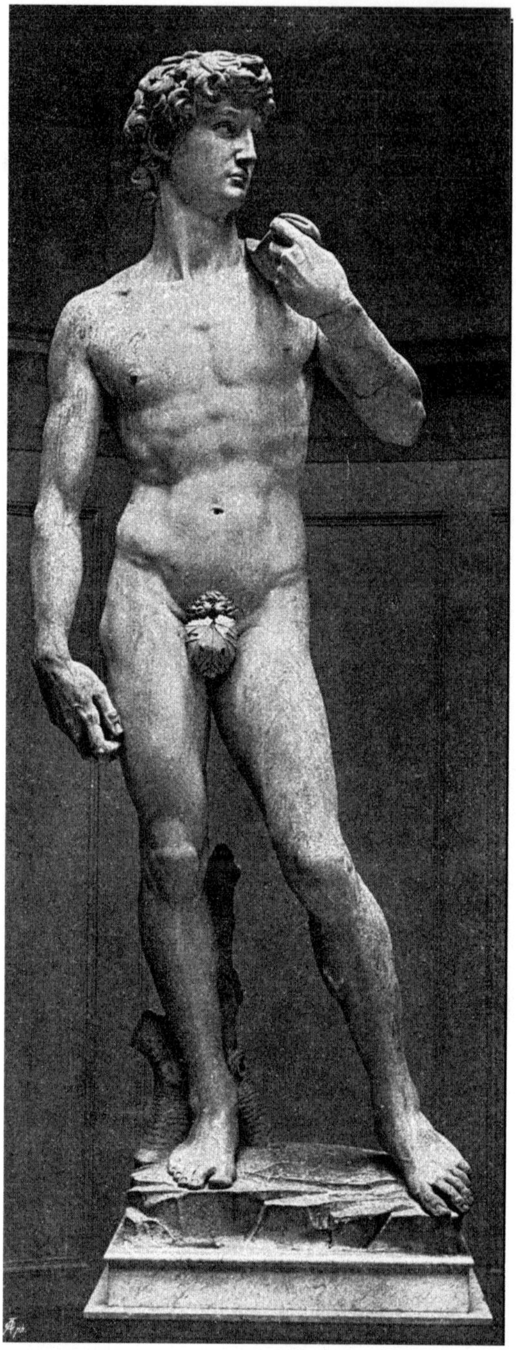

Abb. 14. David. Marmornes Kolossalstandbild in Florenz.

des Vertrags mit Franz Piccolomini, am 16. August 1501, wurde Michelangelo von den Vorstehern des Dombaus zu Florenz, den Zunftmeistern der Wollenweber, mit der Ausführung eines Kolossalstandbildes betraut. Der Bildhauer Agostino di Duccio hatte im Jahre 1463 den Auftrag bekommen, einen David von neun Ellen Höhe anzufertigen, welcher oben auf dem Dom aufgestellt werden sollte. Aber die Dombauverwaltung war nicht mit seiner Arbeit zufrieden und löste 1466 den mit ihm geschlossenen Vertrag. Seitdem lag der angehauene Riesenblock nutzlos im Hof der Dombauhütte, bis man im Jahre 1501 sich entschloß, ihn aufrichten und bearbeiten zu lassen, wenn auch nicht mehr für den ursprünglichen Zweck. So trat an Michelangelo eine Aufgabe heran, welche neben der Schwierigkeit, die an und für sich in der Gestaltung einer Figur von so großem Maßstabe lag, die größere Schwierigkeit enthielt, daß der Künstler durch die Gestalt, welche der erste Bearbeiter des Blockes diesem bereits gegeben hatte, an bestimmte Umrisse gebunden und so in der Freiheit des Schaffens gehemmt war. Michelangelo behielt den Gedanken bei, dem Riesenbild die Gestalt eines David zu geben. Aber er dachte sich David nicht als den Propheten und nicht als den König, sondern als den Helden, der, noch bevor er die Schwelle des Jünglingsalters erreicht hat, den Feind seines Volkes niederstreckt; er dachte sich den Heldenknaben in dem Augenblick, wie er mit todesmutiger Entschlossenheit den Feind ins Auge faßt, wie er mit dem rechten Fuß sich feststellt für den Wurf, während er mit der linken Hand die Schleuder von der Schulter nimmt und in der rechten den Stein bereit hält. Daß die Kolossalgestalt die Schönheit ihrer Formen gänzlich unverhüllt zeigen müsse, verstand sich für Michelangelo, der die antiken Kolosse auf dem Monte Cavallo in Rom gesehen hatte, ganz von selbst, und es wurde auch von den Zeitgenossen als selbstverständlich hingenommen. Er ging mit Feuereifer an das Werk. Nachdem er eine kleine Skizze in Wachs modelliert hatte, welche noch in der Sammlung des Hauses Buonarroti aufbewahrt wird, bestieg er am 13. September 1501 das Gerüst, mit welchem die Dombauverwaltung den Marmorblock hatte umgeben lassen, und begann die gewaltige Arbeit. Anfang 1504 war der Riese — il gigante, so wurde das Standbild meistens genannt, da das Gegenständliche, der David, als Nebensache galt — vollendet (Abb. 14). Eine vom Dombauvorstand einberufene Versammlung von dreißig Männern, unter denen sich alle berühmten Künstler der Stadt befanden, beriet über den Platz der Aufstellung. Leonardo da Vinci und mit ihm mehrere andere schlugen die Loggia dei Lanzi als geeigneten Ort vor, da hier das Marmorwerk vor den Einflüssen der Witterung geschützt bliebe. Die Mehrheit aber beschloß die Aufstellung vor dem Palast der Signoria. Das Bild des David sollte die Väter der Stadt durch seinen täglichen Anblick mahnen, daß sie dieselbe allezeit mit Entschlossenheit zu verteidigen und mit

Abb. 15. Skizze zu einem David. Federzeichnung auf einem Blatt, welches umgekehrt eine Armstudie enthält. Beischrift: Davitte cholla fromba eno chollarcho. Michelagniolo. — Unten rechts steht, ebenfalls in der Handschrift Michelangelos: Recte lalta cholonna (das folgende Wort unleserlich). Im Louvremuseum zu Paris.

(Nach einer Originalphotographie von Braun, Clément & Cie. in Dornach i. E. und Paris.)

Gerechtigkeit zu regieren hätten. Mit Hilfe von Vorrichtungen, welche die Zeitgenossen umständlich beschrieben haben, wurde das 180 Centner schwere Standbild vom Dombauhof nach der Piazza della Signoria gebracht; die Überführung dauerte vier Tage. Jahre 1527 erlitt der Marmorriese eine Beschädigung; bei einem Aufruhr traf ein unter die Belagerer des Palastes geschleuderter Mauerstein seinen rechten Arm, der herabfiel nnd in drei Stücke zerbrach; erst 1543 wurden die aufgehobenen Stücke wie-

Abb. 16. Madonna. Marmorrelief im Nationalmuseum zu Florenz.

Die Enthüllung war ein Ereignis für die Stadt, das in den Jahrbüchern sorgfältig verzeichnet wurde. Keine bildnerische Schöpfung Michelangelos hat bei den Zeitgenossen so ungeteilten Beifall gefunden, wie der „Gigante“; alle Bildwerke des Altertums glaubte man in ihm übertroffen. — Im der angesetzt. Im Laufe der Jahrhunderte stellte es sich heraus, daß diejenigen nicht unrecht gehabt hatten, welche rieten, das Standbild unter Dach aufzustellen; die Einwirkung der Witterung machte sich, wenn auch nur wenig, bemerkbar. Darum wurde dasselbe im Jahr 1873 von seinem Platze

Abb. 17. Madonna. Marmorgruppe in der Liebfrauenkirche zu Brügge.

Abb. 18. Entwurf einer Madonna, mit singenden Engeln im Hintergrund. Zeichnung im Louvremuseum zu Paris.
(Nach einer Originalphotographie von Braun, Clément & Cie. in Dornach i. E. und Paris.)

großen Arbeit sein mochten. Ein zweiter David, in Lebensgröße, wurde bei ihm 1502 von Piero Soderini, der seit kurzem unter dem Titel eines Bannerherrn auf Lebenszeit an der Spitze des florentinischen Staatswesens stand, bestellt. Diese Figur sollte in Erzguß ausgeführt werden; sie war bestimmt, als Geschenk der florentinischen Regierung an Pierre de Rohan, Marschall von Giè, geschickt zu werden; auf diesem Wege hoffte man das Wohlwollen des französischen Königs Ludwig XII, bei dem Rohan in großem Ansehen stand, für die Republik zu gewinnen, die sich durch den Krieg mit Pisa in schweren Verlegenheiten befand. Aber der Marschall fiel in Ungnade, bevor das Bildwerk fertig war, und die Regierung von Florenz sah sich nicht mehr veranlaßt, ihm das versprochene Geschenk zu übersenden; sie fand es zweckmäßiger, dasselbe dem

weggenommen und in die Akademie gebracht. Eine Kopie in Erzguß ist auf der schönen Piazza Michelangelo in den neuen Anlagen im Süden der Stadt aufgestellt worden.

Auch ein Michelangelo konnte nicht unausgesetzt an einem marmornen Kolossalbild arbeiten. In den Jahren von 1501 bis 1504 schuf er, abgesehen von den Apostelfiguren für Siena, noch eine Anzahl von Werken, die ihm eine Erholung von der

Schatzmeister Ludwigs XII, Florimond Robertet, zuzuwenden. An diesen wurde das Erzbildwerk, in welchem Michelangelo den David als Sieger, mit dem Haupt des Goliath unter den Füßen, dargestellt hatte, im Jahre 1508 geschickt. Es hat in Frankreich in verschiedenen Schlössern gestanden und ist wahrscheinlich während der großen Revolution zu Grunde gegangen. Eine Vorstellung, wie die Figur ausgesehen haben mag, bekommen wir nur durch eine im Louvre

Abb. 19. Die heilige Familie. Ölgemälde in den Uffizien zu Florenz.

aufbewahrte kleine Skizze, die Michelangelo auf ein bereits benutztes Blatt, das er umdrehte, mit schnellen Federstrichen hingeworfen hat. Es scheint, daß diese Skizze trotz ihrer Flüchtigkeit dazu bestimmt gewesen ist, jemandem vorgelegt zu werden. Denn Michelangelo hat, um einer etwaigen Mißdeutung des Gegenstandes, welchen David in seiner rechten Hand hält, vorzubeugen, in seiner schönen Handschrift und mit Namensunterschrift die Worte beigefügt: „David mit der Schleuder und nicht mit dem Bogen“ (Abb. 15).

Im Frühjahr 1503 bestellten die Vorsteher der Wollweberzunft und die Bauverwaltung des Doms bei Michelangelo die Figuren der zwölf Apostel für den Dom; sie waren so verständig, dem Meister Zeit zu lassen: im Laufe von zwölf Jahren sollte er jährlich eine Figur liefern. Aber es scheint, daß Michelangelo an solchen in Gewänder gehüllten, ruhig dastehenden Einzelfiguren keinen Geschmack fand. Er kam mit diesen Aposteln noch lange nicht so weit, wie mit den Heiligenfiguren von Siena. Es ist nichts von denselben zustande gekommen, als die allererste Anlage eines heiligen Matthäus. Diese eben angelegte Figur aber, die sich jetzt in der Akademie zu Florenz befindet, ist im höchsten Maße bemerkenswert, weil sie zeigt, wie Michelangelo beim Schaffen seiner Marmorbilder zu Werke ging. An der einen Seite des Marmorblocks werden die Formen der Figur

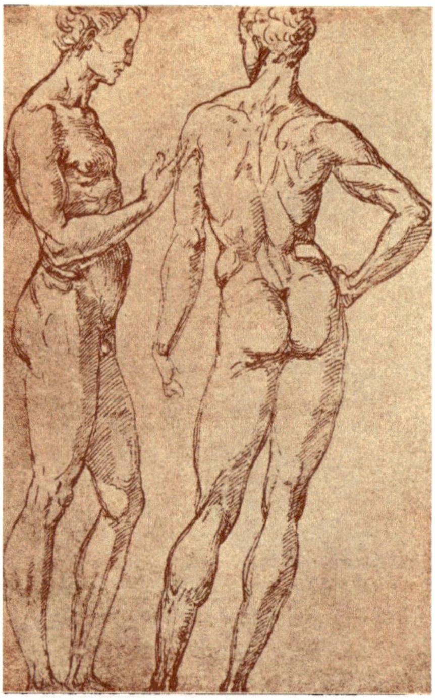

Abb. 20. Aktstudien. Federzeichnung in der Albertina zu Wien.
(Nach einer Originalphotographie von Braun, Clément & Cie. in Dornach i. E. und Paris.)

in ganz leichter Andeutung sichtbar, in schwachem Relief, fast wie eine Zeichnung. So skizzierte der Meister sich das ganze Bild, wie es werden sollte, an der Oberfläche des Blocks, und indem er in dem Maße, wie die Formen weiter zurücktreten sollten, tiefer in den Marmor hineinarbeitete, schälte er schließlich die Figur heraus. Reliefbilder hat Michelangelo nur wenige angefertigt. Abgesehen von jenen Arbeiten seiner Knabenjahre weiß man nur von zweien. Diese fallen beide in die Zeit, in welcher der große David im Entstehen oder eben vollendet war. Beide sind Madonnenbilder in Rundformat; beide wurden für Florentiner Kunstliebhaber angefertigt und sind nicht bis zum letzten Grade der Vollendung in der Ausführung gekommen. Das eine derselben befindet sich jetzt in der Akademie zu London, das andere im Nationalmuseum zu Florenz. Das letztere macht einen tiefen Eindruck durch seine ergreifende Stimmung. Maria sitzt auf einem niedrigen Steine und hält auf ihrem Schoße ein Buch; mit gewendetem Kopfe blickt sie in leidvollem Sinnen vor sich hin. Und das Christuskind, an der Mutter Knie geschmiegt, stützt das Köpfchen mit dem auf das Buch gelegten Arm und ist gleichfalls in schwere Gedanken verloren. Beide sehen das bittere Geschick der Zukunft, das die Schrift der Propheten vorher verkündet hat. Auch ein kleiner Engel, oder der Johannesknabe — die Nichtvollendung dieser Nebenfigur läßt nicht erkennen, welches von beiden sie vorstellt —, zeigt durch die Mienen seines über die Schulter der Jungfrau blickenden Gesichts seine Teilnahme an den schmerzlichen Betrachtungen. Es liegt ein eigener Reiz in der Mischung von hoher Lieblichkeit und schwermutvollem Ernst, die diesem Bilde innewohnt (Abb. 16).

Eine ähnliche Empfindung lebt in der wunderbar schönen lebensgroßen Gruppe von Maria mit dem Kinde, welche Michelangelo auf die Bestellung von flandrischen Kaufleuten, Johann und Alexander Mouscron, anfertigte. Dieses Madonnenbild wurde wahrscheinlich zu Carrara im Jahre 1505 ausgeführt. Es befindet sich noch an seinem ursprünglichen Bestimmungsort, auf einem Seitenaltar in der Liebfrauenkirche zu Brügge (Abb. 17).

Michelangelo hat bei der Madonna von Brügge und bei dem Florentiner Relief die herkömmliche Weise, welche Jesus als ganz kleines Kind auf dem Schoße Marias sitzend darzustellen pflegte, verlassen, indem er den Knaben in einem Alter bildete, welches ihm schon auf seinen Füßchen zu stehen gestattet; so konnte er das Christuskind sich mit Freiheit bewegen lassen, und er hat den Späteren das Beispiel gegeben, die innig geschlossene Gruppe von Mutter und Kind in unendlicher Mannigfaltigkeit der Beziehungen zu gestalten (siehe auch Abb. 18).

Noch sprechender zeigt sich die Unabhängigkeit von jeder überlieferten Darstellungsweise in einem gemalten Madonnenbilde, welches Michelangelo in eben jener Zeit, um das Jahr 1503, geschaffen hat. Es ist dies die berühmte heilige Familie, welche in der Tribuna der Uffiziengalerie zu Florenz einen Ehrenplatz einnimmt. Maria sitzt auf dem Boden und reicht mit einer anmutigen Wendung des Oberkörpers und des Kopfes das Jesuskind über ihre Schulter dem Pflegevater Joseph, der sich hinter ihr auf ein Knie niedergelassen hat (Abb. 19). Hinsichtlich der Farbe darf man keine Ansprüche an das Bild machen; denn diese ist dem Künstler augenscheinlich Nebensache gewesen, die Gruppe hätte ebenso gut in Marmor wie in Malerei ausgeführt werden können. Aber in der Zeichnung und Rundung der Formen ist es herrlich und in der Empfindung so groß wie liebenswürdig. Höchst befremdlich für den modernen Beschauer ist die Belebung des entfernten Hintergrundes durch nackte Jünglingsgestalten, die zu dem Gegenstand der Darstellung in gar keiner Beziehung stehen. Diese Gestalten hat Michelangelo nach Vasaris Worten da angebracht, „um noch besser zu zeigen, wie sehr groß seine Kunst sei“. Das ist so recht im Sinne der Renaissance. Genau mit dem nämlichen Gefühl und aus dem nämlichen Grunde, wie die älteren niederländischen und deutschen Maler ihre Werke mit liebevoll ausgeführten Blumen und Kräutern und Vögelein geschmückt hatten, aus reiner Lust an dem neugewonnenen Können, das der Vorzeit verborgen gewesen war, so schmückten jetzt die italienischen Maler ihre Bilder mit nackten Figuren, um ihre Kenntnis von der Schönheit der Menschengestalt der Welt freudig zu offenbaren. Und wenn irgend einer, so durfte Michelangelo sich solcher Kenntnis rühmen; wenn gar keine ausgeführten Werke von ihm vorhanden wären, seine Zeichnungen — flüchtige Skizzen und durchgebildete Studien — würden es beweisen (Abb. 20 und 21). — Der erste Besitzer des Bildes der heiligen Familie war der Kunstliebhaber Angelo Doni in Florenz, der es von dem ihm befreundeten Künstler um hohen Preis erwarb.

In die Zeit, während welcher die Riesenfigur des David entstand, fällt außer den genannten Werken aller Wahrscheinlichkeit nach auch noch eine Marmorfigur, über deren Entstehung die Nachrichten fehlen, der sterbende Adonis im Nationalmuseum zu Florenz (Abb. 22), sowie ferner ein unfertig gebliebenes Gemälde in der Londoner Nationalgalerie, welches die Grablegung Christi in eigentümlich wirkungsvoller Weise darstellt.

Nach der Vollendung des David galt Michelangelo unbestritten als der erste Bildhauer der Welt. Noch in demselben Jahre 1504 trat die Aufgabe an ihn heran, mit dem größten Maler der Zeit, mit Leonardo da Vinci, um die Palme zu ringen. —

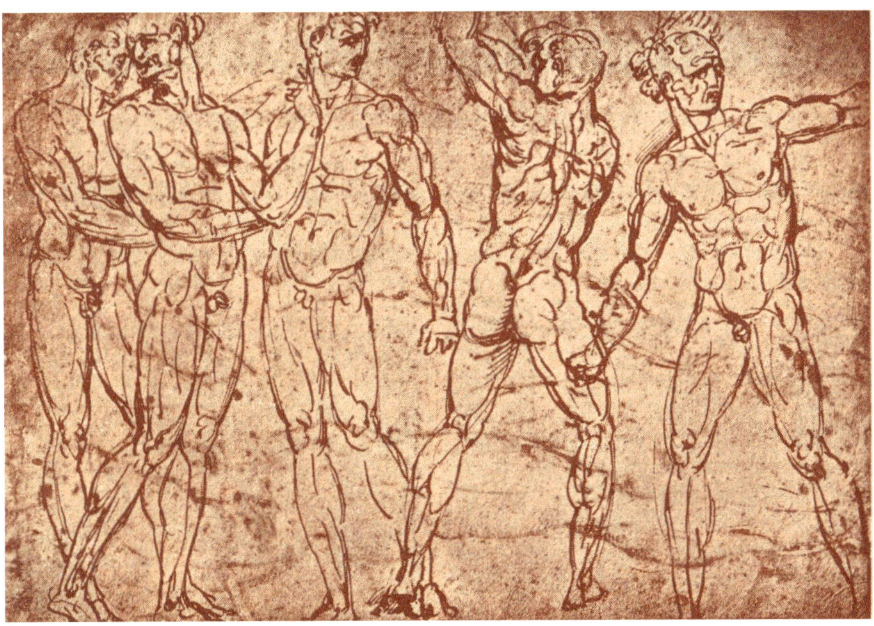

Abb. 21. Aktskizzen. Federzeichnung in der Albertina.
(Nach einer Originalphotographie von Braun, Clément & Cie. in Dornach i. E. und Paris.)

Leonardo hatte im Jahre 1482, damals ein dreißigjähriger, schon viel bewunderter Mann, seine florentinische Heimat verlassen: nach achtzehnjähriger Abwesenheit kehrte er zurück, mit dem höchsten Ruhme gekrönt. Die Vielseitigkeit seiner Unternehmungen ließ ihn auch jetzt immer nur mit Unterbrechungen in Florenz verweilen; im Anfang des Jahres 1504 aber glaubte Soderini ihn durch einen großen und ehrenvollen Staatsauftrag enger an die Stadt gefesselt zu haben. — Wie reif auch Michelangelos künstlerische Eigenart zu dieser Zeit entwickelt war, von diesem einen Manne, der so bezaubernd schön Nachahmungen darf man indessen derartige an Leonardo erinnernde Zeichnungen Michelangelos keineswegs ansehen; seine Eigenart hat der junge Meister überall bewahrt. Was die Besonderheit von Michelangelos Wesen am stärksten kennzeichnet, ist der Sinn für Großheit der Form und die Vorliebe für düstere Gemütsstimmungen. Das eingehende Studium des Gesichtsausdruckes mußte für einen so gründlichen Kenner der Anatomie des Menschen selbstverständlich einen großen Reiz haben. Von der Meisterschaft, mit welcher er die unwillkürliche und flüchtige Thätigkeit der Gesichtsmuskeln wiederzugeben ver-

Abb. 22. Der sterbende Adonis. Marmorfigur im Nationalmuseum zu Florenz.

zeichnete und der so bestrickenden Liebreiz in Formen kleiden konnte, erfuhr auch er noch einen Einfluß. Es ist oft bemerkt worden und auch unverkennbar, daß Michelangelo in einer ganzen Anzahl sorgfältig ausgeführter Rötel- und Kreidezeichnungen sich bestrebt hat, mit der Art und Weise Leonardos zu wetteifern. Es sind dies namentlich Charakterköpfe mannigfaltiger Art, bald von weicher, jugendlicher Anmut, bald von einer an die Karikatur streifenden Schärfe der Kennzeichnung, feine Studien über die Form und den Ausdruck des menschlichen Gesichts; auch phantastische Bildungen gehören hierhin, wie die seltsamen Auftürmungen des Kopfputzes über schönen Frauenprofilen oder verschiedenartige fratzenhafte Masken (Abb. 23 u. ff). Als mochte, gibt eine in der Uffiziensammlung zu Florenz befindliche Kreidezeichnung das berühmteste Beispiel, welche unter dem Namen „der Schrecken", „die Raserei" oder „die verdammte Seele" bekannt ist: ein Kopf mit gesträubten und in heftiger Bewegung flatternden Haaren, dessen Augen sich starr auf irgend etwas Fürchterliches heften und dessen Mund sich zu einem Schrei des rasendsten Entsetzens öffnet (Abb. 29). — Leonardo da Vinci begann in den ersten Monaten des Jahres 1504 mit der Ausführung des Auftrags, den Soderini ihm im Namen der Republik erteilt hatte. Es handelte sich darum, den auf Savonarolas Veranlassung erbauten großen Ratssaal des Regierungspalastes mit Freskogemälden zu schmücken. Der Gegenstand, welchen Leonardo auf

Abb. 23. Verschiedene Köpfe. Rötelzeichnung im Kabinett Taylor zu Oxford.
(Nach einer Originalphotographie von Braun, Clément & Cie. in Dornach i. E. und Paris.)

einer umfangreichen Wandfläche zu schildern übernahm, war der Sieg der Florentiner über mailändische Truppen bei Anghiari (im Jahre 1440). Die Ausführung des Gegenstücks zu dieser Darstellung dachte Soderini dem Michelangelo zu; er hoffte, daß die beiden großen Künstler im Wetteifer miteinander ihre Kräfte auf das höchste anspannen würden. Gegen den Herbst des Jahres 1504 bekam Michelangelo den Auftrag, für die zweite Hauptwand des Ratssaales ein Schlachtenbild aus der früheren florentinischen Geschichte zu entwerfen. Er wählte einen Gegenstand aus den Kämpfen um Pisa im XIV. Jahrhundert, deren Endergebnis die Unterwerfung dieser Stadt unter die Botmäßigkeit von Florenz war, und zwar einen Gegenstand, der ihm Gelegenheit gab, viele unbekleidete Gestalten in mannigfaltiger und lebhafter Thätigkeit darzustellen: die Abwehr eines Überfalles, den der Feind an einem heißen Tage unternahm, während die florentinischen Reiter im Arno badeten. Michelangelo mag mit einem ungestümen Verlangen, Leonardo zu übertreffen, an die Arbeit gegangen sein. Denn

Abb. 24. Frauenköpfe. Zeichnung in den Uffizien zu Florenz.
(Nach einer Originalphotographie von Braun, Clément & Cie. in Dornach i. E. und Paris.)

er abgeschlossen von aller Welt in einem ihm zu diesem Zwecke eingeräumten Saal im Spital der Färberzunft anfertigte, vollendet. Den Kunstverständigen der Zeit erschien diese Zeichnung als die staunenswürdigste Schöpfung Michelangelos; keines seiner späteren gewaltigen Werke erregte — wenn Vasari recht hat — solches Aufsehen in Künstlerkreisen; zu dem im Ratssaal aufgestellten Karton, der das Emporklettern der Badenden aus dem Fluß, das hastige Ankleiden und Waffnen, das Stürmen zum Kampf und den Beginn des Reitergefechts schilderte, wallfahrteten die Maler von nah und fern, um daraus zu lernen. — Zur Ausführung in Farben gelangte Michelangelos Schlachtenbild ebensowenig wie dasjenige Leonardos. Leonardo hatte wenigstens

er war ein leidenschaftlicher Nebenbuhler; er ließ sich sogar zu ganz ungerechtfertigter Gehässigkeit gegen den älteren Meister hinreißen, wenn ein ungenannter Zeitgenosse Wahres berichtet, der in einer Schrift über Leonardo da Vinci die aufbrausenden Scheltworte anzuführen weiß, welche Michelangelo diesem entgegenschleuderte bei einer Gelegenheit, wo beide Künstler von einer mit der Auslegung Dantes beschäftigten Gesellschaft ersucht wurden, eine dunkle Stelle der Göttlichen Komödie zu erklären. — Vor dem Frühjahr 1505 hatte er den Karton zu dem Bilde aus dem Pisanerkrieg, den einen Anfang gemacht, indem er die berühmte Gruppe der vier Reiter, welche um eine Fahne kämpfen, auf die Wand malte; Michelangelo kam nicht einmal so weit; er wurde von Papst Julius II nach Rom berufen und blieb von da ab fast ganz ausschließlich im Dienst der Päpste thätig. — Der Karton der Pisanerschlacht ist vollständig verloren gegangen; er wurde in Stücke zerrissen, sei es nun, daß neidische Bosheit ihm dieses Schicksal bereitete, wie Vasari an einer Stelle ausdrücklich sagt, sei es, daß er von bewundernden Kunstjüngern und rücksichtslosen Sammlern zum

Opfer ihrer Begeisterung gemacht wurde, wie man aus einer anderen Stelle Vasaris herauslesen könnte. Die Stücke, von denen im Jahre 1575 noch einige in Mantua vorhanden waren, sind spurlos verschwunden. Wie unsere Kenntnis von Leonardos Anghiarischlacht sich auf eine von Rubens nach den vier Reitern gezeichnete Skizze, welche durch Kupferstich vervielfältigt wurde, beschränkt, so wird uns von Michelangelos bewunderter Zeichnung keine weitere Anschauung gewährt, als das wenige, was einige alte Kupferstiche aufbewahrt haben: ein paar Bruchstücke aus den Gruppen der vom Bade aufgeschreckten Soldaten, losgelöst aus dem Zusammenhange und auf willkürlich hinzugefügten landschaftlichen Hintergründen.

Abb. 25. Ausdruckstudie. Rötelzeichnung in der Sammlung der Kunstakademie zu Venedig.

Leonardo da Vinci ließ leichten Herzens die angefangene Arbeit im Regierungspalast zu Florenz liegen, um sich anderweitiger Thätigkeit zuzuwenden. Für Michelangelo begann mit dem Liegenlassen des Schlachtenbildes die Qual seines Lebens, daß das Schicksal es ihm nicht vergönnte, die großen Schöpfungen, welche er mit der mächtigsten Begeisterung begann, in der beabsichtigten Weise zu Ende zu führen.

Michelangelo hat einmal in einer bewunderungswürdigen Zeichnung die Glücksgöttin dargestellt, wie sie auf rollendem Rade dahingleitet, nach links und rechts ihre Gaben ausstreuend (Abb. 30). Ein schwerer, schmerzlicher Ernst liegt auf den Mienen der schönen Gestalt. Ihm hat die Göttin nie gelächelt.

Als er den David und den Karton der Pisanerschlacht vollendet und dadurch als Bildhauer und als Maler — wenigstens als Zeichner — einen Ruhm erreicht hatte, der ihn neben und über die größten Meister stellte, hatte er sein dreißigstes Jahr noch nicht überschritten. Mit diesen Werken

Abb. 26. Masken. Rötelzeichnung im Museum Wicar zu Lille.

Abb. 27. Kopfstudien. Zeichnung in der Uffiziengalerie zu Florenz. (Nach einer Originalphotographie von Braun, Clément & Cie. in Dornach i. E. und Paris.)

schließt die Jugendzeit Michelangelos — soweit man überhaupt von Jugend sprechen kann bei einem Manne, aus dessen Leben kein Zug von jugendlichem Frohsinn spricht, und dessen früheste Arbeiten nichts von jugendlicher Unsicherheit aufweisen. Bis dahin sind die von ihm geschaffenen Gestalten, wenn auch nicht aus heiterer, so doch aus ruhiger Empfindung hervorgegangen. Aus demjenigen, was er nach dem Jahre 1505 geschaffen hat, spricht fast überall eine umdüsterte Stimmung, ein Versenken in schwere, grübelnde Gedanken. Seine Gestalten werden die Träger von tiefen, namenlosen Gefühlen, wie sie sonst nur in Tönen oder auch in Farbenstimmungen zur künstlerischen Aussprache gelangen können, für die er aber in Formen ein Ausdrucksmittel gefunden hat. Dabei kleiden sich diese Äußerungen persönlichen Gefühls in eine Großartigkeit der künstlerischen Gestaltung, wie er selbst sie vorher nie erreicht hat, und wie sie keinem anderen seit den Blütezeiten des klassischen Altertums auch nur annähernd erreichbar gewesen ist.

Papst Julius II, der Nachfolger Pius' III, berief Michelangelo nach Rom, damit derselbe ihm schon bei Lebzeiten ein Grabmal erbaue. Nach nicht allzu langer Zeit einigten sich beide über einen Plan von außerordentlicher Pracht; das Grabmal sollte als ein vierseitiges Gebäude in zwei Geschossen, mit mehr als vierzig überlebensgroßen Marmorfiguren und zahlreichen ehernen Flachbildwerken geschmückt, aufgeführt werden. Michelangelo begab sich alsbald nach Carrara, wo er für 1000 Dukaten Marmorblöcke ankaufte und Verträge über den Transport der gewaltigen Marmormassen abschloß. Er ließ die einzelnen Blöcke an Ort und Stelle im groben zurechthauen, und seine Ungeduld, die es nicht abwarten konnte, bis alle Vorbereitungen zu dem großen Unternehmen, in dem jetzt seine ganze Seele aufging, vollendet waren, trieb ihn, schon jetzt ein paar Figuren für das Grabmal eigenhändig in Arbeit zu nehmen. Acht Monate lang, bis gegen Ende des Jahres 1505, hielten die Arbeiten in den Marmorbrüchen ihn dort fest. Der Anblick der Marmorberge soll den Gedanken in seiner Phantasie erweckt haben, einmal, wenn er Zeit hätte, eine Riesengestalt aus dem lebendigen Fels herauszuhauen, die von weither auf dem Meere sichtbar sein sollte. — Im Anfang des Jahres 1506 wurde der größte Teil der Marmorblöcke in Rom auf dem Petersplatze abgeladen; es sah aus, als ob nicht ein Grabmal, sondern ein Tempel erbaut werden sollte. Ein Haus am Petersplatz war Michelangelo als Werkstatt eingeräumt, welches durch einen Gang mit dem Vatikan verbunden wurde, damit der Papst jederzeit den Meister bei der Arbeit besuchen könnte. So stand Michelangelo im Begriffe, ein Marmorwerk von einem Umfange zu schaffen, wie Rom seit zwölf Jahrhunderten nichts Ähnliches hatte entstehen sehen, ein Werk, das wie kein anderes den Lieblingsgedanken der Renaissancezeit, die Kunst des römischen Altertums fortzusetzen, zu verwirklichen geeignet erschien. Der Boden Roms gab gerade in jener Zeit Schätze an das Tageslicht, welche die antike Bildhauerkunst in noch viel größerer Herrlichkeit zeigten, als ihre bis dahin bekannten Werke. Im Jahre 1506 wurde in der Nähe der Überbleibsel von den Bädern des Titus die Laokoongruppe ausgegraben, und Michelangelo begrüßte sie als „das Wunder der Kunst“, das er von allen Werken des Altertums neben dem berühmten Herkulescorso am höchsten schätzte. Auch den antiken Dekorationsmalereien, welche in den Bädern des Titus aufgedeckt wurden, hat Michelangelo seine Aufmerksamkeit zugewendet. Ein in der Sammlung Wicar zu Lille bewahrtes Blatt gibt Kunde davon. Auf den beiden Seiten dieses Blattes hat er mit flüssiger Feder, deren Züge das dünne Papier ganz durchdrungen haben, Skizzen niedergeschrieben, die man als Erinnerungen an einige jener kleinen Figurenbildchen erkennt, welche die antiken Zimmermaler in das Formenspiel ihres Zierwerks eingeflochten haben (Abb. 31 und 32).

Die Hoffnungsfreudigkeit, mit welcher Michelangelo sich an das große Werk begab, wurde bald enttäuscht. Die Größe des Werkes selbst gab mittelbar die erste Veranlassung, daß dasselbe nicht zustande kam. Die alte Peterskirche bot nicht so viel Raum, daß das riesige Grabmal darin hätte aufgestellt werden können. So dachte Julius II daran, zur Aufnahme desselben die neue Chornische, deren Grundmauern Nikolaus V vor einem halben Jahrhundert hatte legen lassen, auszubauen. An diesen Gedanken reihte sich bald der größere, die ganze Peterskirche durch einen Neubau von unerhörter Ausdehnung zu ersetzen. Und als Bramante dem Papst seinen großartigen Entwurf zu einem solchen Neubau vorlegte, war die Verwirklichung des Gedankens sofort beschlossen. In der Seele des Papstes, der darin mit Michelangelo etwas Geistesverwandtes hatte, daß die größte Unternehmung ihm immer die liebste war, mußte vor dem Plan des Neubaues der Peterskirche derjenige der Ausführung seines Grabmals in den Hintergrund treten. Auch soll Bramante, der Michelangelo diesen Auftrag nicht gönnte, dem Papst vorgeredet haben, es sei von übler Vorbedeutung, sich bei Lebzeiten sein Grab bauen zu lassen. Die immer wiederkehrenden Züge grimmiger Künstlereifersucht sind häßliche Flecken in dem sonst so prächtigen Bild der römischen Renaissance. — Julius II ließ den Gedanken an das Grabmal ganz fallen. Er wollte Michelangelo eine Entschädigung geben durch den Auftrag, die Decke der vatikanischen Kapelle, welche Sixtus IV hatte erbauen lassen, auszumalen; auch dieses soll Bramante ihm geraten haben, weil er glaubte, daß Michelangelo einer solchen malerischen Aufgabe nicht

Abb. 28. Frauenkopf. Zeichnung in der Uffiziengalerie zu Florenz. (Nach einer Originalphotographie von Braun, Clément & Cie. in Dornach i. E. und Paris.)

Abb. 29. „Die Raserei.“ Kreidezeichnung in der Sammlung der Uffizien zu Florenz.

gewachsen sein und so eine beschämende Niederlage erleiden würde. Daß Michelangelo sich nicht darein schicken konnte, auf ein Unternehmen von so hoher Bedeutung, das er mit aller Begeisterung einer ruhmes- und schaffensdurstigen Seele erfaßt hatte, zu verzichten, ist leicht zu begreifen. Es kam zu einem merkwürdigen Kampf zwischen dem Papst und dem Künstler, zwei Persönlichkeiten, die ebenso, wie sie in der Vorliebe für das Großartige und Gewaltige einander glichen, auch an Heißblütigkeit und Starrköpfigkeit sich gegenseitig nichts nachgaben.

Michelangelo selbst hat den Ausbruch dieses Kampfes aufs anschaulichste erzählt in einem Briefe, den er am 2. Mai 1506 an einen ihm und dem Papste gleichmäßig befreundeten Mann, den Architekten Giuliano da Sangallo, richtete: „Ich hörte am Karsamstag den Papst sagen, als er bei Tisch mit einem Juwelier und mit dem Ceremonienmeister sprach, daß er keinen Pfennig mehr weder für große noch für kleine Steine (d. h. Marmorblöcke) ausgeben wolle; darüber geriet ich sehr in Verwunderung; doch bat ich ihn, bevor ich wegging, um einen Teil von dem, dessen ich bedurfte, um mein Werk fortzuführen (Michelangelo hatte nämlich, als die Zahlungen des Papstes für das Grabmal ausblieben, schon alles, was er besaß, für die Kosten der Arbeit geopfert); Seine Heiligkeit antwortete mir, ich solle am Montag wiederkommen; und ich kam am Montag wieder und am Dienstag und am Mittwoch und am Donnerstag; schließlich, am Freitag Morgen, wurde ich hinausgeschickt, das heißt weggejagt; und derjenige, welcher mich wegschickte, sagte, daß er mich wohl kennte, daß er aber solchen Auftrag habe. Da geriet ich, da ich am Samstag die erwähnten Worte gehört hatte und jetzt das Ergebnis sah, in große Verzweiflung.“ Ganz außer Fassung gebracht durch die erlittene Kränkung, bestellte Michelangelo dem Thürhüter, er solle dem Papst, wenn dieser nach ihm fragen würde, sagen, daß er anderswohin gegangen sei; er begab sich in seine Wohnung, beauftragte seine Diener, die gesamte Habe den Juden zu verkaufen, und verließ zwei Stunden nach Einbruch der Dunkelheit die Stadt. Er reiste mit Postpferden, ohne Rast zu machen, bis er die römische Grenze hinter sich hatte und in Poggibonsi florentinisches Gebiet betrat. Hier erreichten ihn fünf Eilboten, welche der Papst ihm, sobald er von seiner Flucht erfahren, nachgesandt hatte, mit einem eigenhändigen Schreiben, daß er zurückkehren solle. Michelangelo aber gab den Boten nur einen kurzen Brief an den Papst mit, des Inhalts, daß er um Verzeihung bitte, daß er aber nie zurückkehren werde; er habe für seine guten und getreuen Dienste diesen Umschlag nicht verdient, daß er vom Angesicht des Herrn weggejagt worden sei wie ein Lump; und wenn Seine Heiligkeit nichts mehr von dem Grabmal wissen wolle, so sei er dadurch seiner Verpflichtungen entledigt, und andere Verpflichtungen wolle er nicht eingehen. Michelangelo reiste weiter nach Florenz. In dem oben erwähnten Briefe, den er gleich nach seiner Ankunft daselbst an Sangallo schrieb, mit der Bitte, denselben dem Papst vorzulesen, spricht er von noch einer anderen Ursache seines Weggangs aus Rom, die er aber nicht schriftlich nennen könne; er sagt darüber nur, diese Ursache sei von der Art gewesen, daß sie ihn glauben ließ, wenn er in Rom bliebe, würde sein Grab eher gemacht werden als das des Papstes. Was das war, ist nie aufgeklärt worden; es ist wohl denkbar, daß der aufgeregte und zu Argwohn geneigte Mann von dem wirklichen oder eingebildeten Haß seiner künstlerischen Nebenbuhler das Ärgste, selbst ein Verbrechen befürchtete. Ein Beweis von der Gehässigkeit der gegen ihn bestehenden Eifersucht ist die Thatsache, daß Bramante sich nicht scheute, dem Papst gegenüber auszusprechen, der wahre Grund von Michelangelos Flucht sei der gewesen, daß er sich der Aufgabe, die Decke der Sixtinischen Kapelle zu bemalen, nicht gewachsen gefühlt hätte; darüber wurde Bramante allerdings im Beisein des Papstes eine kräftige Zurechtweisung zu teil durch den Maurermeister Pietro Rosselli, einen treuen Freund Michelangelos, der dem letzteren auch sofort über dieses Vorkommnis nach Florenz berichtete. — Michelangelo ließ durch Sangallo dem Papst den Vorschlag machen, wenn derselbe darauf einginge, daß die Arbeit an dem Grabmal fortgesetzt werde, wolle er sich Marmor aus Carrara nach Florenz kommen lassen und hier daran arbeiten; hier könne er bequemer und sorgloser sich der Arbeit hingeben. Julius II wollte selbstverständlich von einem solchen Vorschlag nichts wissen. Er wendete sich jetzt mit amtlichen Schreiben an die Regierung von Florenz, um den Flüchtling zurückzubekommen. „Michelangelo,“ heißt es in einem an Soderini gerichteten Breve vom 8. Juli 1506, „der sich grundlos und unbedachtsam von Uns entfernt hat, fürchtet sich, wie man Uns sagt, zurückzukehren. Wir zürnen ihm nicht, da Wir die Gemüter derartiger Menschen kennen. Aber damit er jeden Argwohn ablege, ersuchen Wir Eure Ergebenheit, ihm in Un-

Abb. 30. Fortuna. Rötelzeichnung in den Uffizien zu Florenz. (Nach einer Originalphotographie von Braun, Clément & Cie. in Dornach i. E. und Paris.)

Abb. 31. Skizze eines antiken Rossebändigers.
Federzeichnung im Museum Wicar zu Lille.

serem Namen versprechen zu wollen, daß, wenn er zu Uns zurückkehrt, ihm nichts geschehen soll, und daß Wir ihn in derselben apostolischen Gnade halten wollen, in der er vor seinem Weggang gehalten worden ist." Michelangelo blieb den Vorstellungen Soderinis gegenüber taub; er ließ sich durch die von einem Kardinal ausdrücklich und schriftlich gegebene Gewährleistung für seine Sicherheit ebensowenig bewegen, wie durch die Versicherungen seiner römischen Freunde, daß der Papst ihm nicht übel wolle. Anfangs versuchte er in Florenz sich durch Arbeit zu trösten; er wollte einige angefangene Werke vollenden — wir wissen nicht, welche. Aber es scheint, daß der Unmut ihm den Trost der Arbeit versagte. So saß der von Sehnsucht nach großen Thaten verzehrte Künstler monatelang thatenlos in Florenz. Er dachte in allem Ernst daran, nach der Türkei zu gehen, da Franziskanermönche aus Konstantinopel ihm mitgeteilt hatten, daß der Sultan seine guten Dienste beim Bau einer Brücke von Konstantinopel nach Pera und bei anderen Unternehmungen würde gebrauchen können. Wenn es auch Soderini nicht gelang, Michelangelo zur Rückkehr zum Papst zu bewegen, so gelang es ihm doch wenigstens, ihn von dem Gedanken, zum Sultan zu gehen, abzubringen. Michelangelos Stimmung spricht am deutlichsten aus einem Sonett, das er an Julius II dichtete. Er war nämlich ein sehr begabter Dichter, der, wenn er seine Empfindungen in Versen aussprach, es damit ebenso ernst nahm, wie mit allem, was er zeichnete, malte oder meißelte; seine Gedichte füllen einen ganzen Band, und mehrere seiner Lieder wurden gesungen. In jenem Sonett beklagt er sich darüber, daß der Papst den Lügnern und Verleumdern sein Ohr leihe; er seinesteils bleibe ihm derselbe gute Diener wie früher, er gehöre zu ihm wie die Strahlen zu der Sonne, aber je mehr er sich abmühe, um so weniger erwecke er bei ihm Gefallen; er habe gehofft, durch die Höhe des Herrschers zur Höhe zu gelangen, nun mache jener sich zur Stimme des Echos; mit einer leidenschaftlichen Äußerung der Hoffnungslosigkeit, mit der Klage, daß die Tüchtigkeit verurteilt sei, von einem dürren Baume Früchte zu pflücken, schließt das Gedicht.

Endlich, im November 1506, brach der Bann. Julius II hatte Rom im August verlassen, um in schnellem Siegeszuge Perugia und Bologna zu unterwerfen. Nach seinem prunkvollen Einzug in die letztere Stadt richtete er nochmals ein dringendes Ersuchen an die Regierung von Florenz, sie möge ihm den Michelangelo zuschicken, da er dort etwas für ihn zu thun habe. Und nach Bologna ging Michelangelo, das war ja nicht das ihm so sehr verleidete Rom. Er ging freilich mit einem Gefühl, nach seinen eigenen Worten, als ob er den Strick um den Hals hätte. Bei sich hatte er ein amtliches Empfehlungsschreiben der Signoria an den Kardinal von Pavia und ein persönliches von dem Oberhaupt des Staates, Piero Soderini, an dessen Bruder, den Kardinal von Volterra; es ist bemerkenswert, daß Soderini, der Michelangelo ja so lange und so gründlich kannte, in seinem Schreiben die Worte gebrauchte: „Er ist von der Art, daß mit guten Worten und mit Artigkeiten alles von ihm zu erlangen ist; man muß ihm Liebe zeigen und ihm Gunst erweisen, und er wird Werke vollbringen, die jeden, der sie sieht, in Staunen versetzen.“ Der Papst erwartete den zurückkehrenden Flüchtling mit Ungeduld. Michelangelo wurde gleich nach seiner Ankunft in Bologna, ehe er nur die Kleider hatte wechseln können, in das Regierungsgebäude geführt, wo Julius II bei Tische saß. Dieser sah den vor ihm Niederknieenden von der Seite an und sagte in unwilligem Ton: „Anstatt daß du zu uns gekommen wärest, hast du gewartet, daß wir zu dir kämen.“ Als darauf Michelangelo um Verzeihung bat und zu seiner Entschuldigung wieder darauf zurückkam, wie er von der Schwelle des Papstes fortgejagt worden sei, machte ein Bischof in der wohlgemeinten Absicht, etwas zu Gunsten Michelangelos zu sagen, eine ungeschickte Bemerkung über die Unwissenheit der Künstler; diese Bemerkung erregte den schnell aufflammenden Zorn des Papstes, und der Unwille desselben fiel auf das Haupt des Bischofs. Dann wandte sich Julius II gnädig zu Michelangelo und erteilte ihm als Zeichen der Versöhnung seinen Segen.

Was Michelangelo in Bologna für Julius II machen sollte, war dessen Bildnis in ganzer Figur, das überlebensgroß in Erzguß ausgeführt und zum Andenken an die Einnahme der Stadt über dem Eingang der Hauptkirche aufgestellt werden sollte. Der Meister vollendete das Thonmodell noch vor dem Aufbruch des Papstes aus Bologna am 22. Februar 1507. Aber danach mußte er noch ein volles Jahr in Bologna ver-

Abb. 32. Skizzen nach antiken Darstellungen: Heimkehrende Jäger, an der Spitze des Zuges ein geharnischter Jüngling mit einem Pferd, auf dessen Rücken ein Knabe (Amor?) tänzelt; ferner eine weibliche Gewandfigur. Federzeichnung im Museum Wicar zu Lille.

Abb. 33. Studie zu einer dekorativen Figur an der Decke der Sixtinischen Kapelle (vgl. Abb. 41). Rötelzeichnung in der Albertina zu Wien.

weilen; die Ausführung des Wachsmodells für den Guß nahm unerwartet viel Zeit in Anspruch, dann machte der Erzgießer, den man aus Florenz hatte kommen lassen, seine Sache schlecht, und als endlich der Guß vollendet war, erforderte das Nachbessern des großen Erzbildes eine ungeheure Mühe. Unwillig darüber, daß die Beendigung der Arbeit sich von Monat zu Monat hinauszog, voll von Verlangen, heimzukehren nach Florenz, wo die unterstützungsbedürftigen Brüder sehnsüchtig seiner harrten, nahm Michelangelo für seine Arbeit schließlich die Nächte zur Hilfe, da die Tage ihm nicht ausreichten. Dabei lebte er in geradezu kümmerlichen Verhältnissen; was er am Ende seines Aufenthalts in Bologna von 1000 Dukaten, die der Papst für das Erzbild zahlte, für sich übrig behielt, waren $4^1/_2$ Dukaten. Er mußte in Bologna bleiben bis zur Aufstellung des Bildes, die sich auch wieder verzögerte. Am 21. Februar 1508 wurde der Erzkoloß, welcher Julius II im päpstlichen Ornate thronend, die Rechte zum Segen erhoben, in der Linken die Schlüssel Petri haltend darstellte, feierlich enthüllt unter Glockengeläut und dem Klange von Pfeifen, Trompeten und Trommeln, und am Abend beschloß ein großes Feuerwerk die Feier des Tages. — Die Bologneser hatten Julius II zugejubelt, als er in ihre Stadt einzog; aber die Wandelbarkeit der Volksgunst äußerte sich schon in den Witzworten, die man sich, an das Bild anknüpfend, zur Kennzeichnuug des neuen Herrn erzählte: Michelangelo hätte den Papst gefragt, ob er der Figur ein Buch in die linke Hand geben sollte, warauf dieser geantwortet hätte: „Was Buch? ein Schwert! ich meinesteils verstehe mich nicht aufs Schriftwesen"; und die erhobene rechte Hand sollte den Bürgern drohen, wenn sie nicht artig wären. Am 30. Dezember 1511 schon wurde das Erzbild Julius' II, nachdem die Stadt den Parteigängern des von diesem vertriebenen ehemaligen Herrschergeschlechts der Bentivoglio die

Abb. 34. Studie, mit einigen Veränderungen zu einer Figur an der Decke der Sixtinischen Kapelle benutzt. Rötelzeichnung im Kupferstichkabinett des Britischen Museums zu London.

IOEL

ERITHRAEA
EZECHIEL
PERSICHA

Thore geöffnet hatte, herabgestürzt und unter Hohn und Spott durch die Straßen geschleift; dann wurde es dem Herzog Alfons von Ferrara geschenkt, der Geschütze daraus gießen ließ.

Michelangelo begab sich nach der Enthüllung des Erzbildes sofort nach Florenz zu seinen Angehörigen. Es verdient erwähnt zu werden, daß er jetzt erst, durch eine notarielle Urkunde vom 13. März 1508, von seinem Vater für selbständig erklärt wurde. Aber er durfte nicht lange in der Heimatstadt verweilen. Da er einmal wieder in den Dienst des Papstes getreten war, mußte er auch nach Rom zurückkehren. Zwar hatte auch Soderini einen Plan mit Michelangelo vor: er beabsichtigte die Errichtung eines Gegenstückes zum David. Aber der Papst hielt den glücklich Wiedergewonnenen fest und gewährte nicht einmal die Bitte Soderinis, denselben gegen Ende des Jahres 1508 auf nur 25 Tage zu einer Reise nach Florenz zu beurlauben.

Abb. 35. Gewandstudie zur libyschen Sibylle (in der Ausführung nicht verwendet). Rötelzeichnung in der Sammlung des Louvre zu Paris.

Michelangelo hoffte noch immer auf die Ausführung des Grabmals. Aber vergebens; der Papst bestand unerbittlich auf dem Ausmalen der Decke in der Sixtinischen Kapelle, und dieses Mal beugte sich der Künstler dem eisernen Willen des Herrschers. Mit blutendem Herzen begann er ein Werk, das für ihn den Verzicht auf die Erfüllung seines stolzesten Künstlertraumes bedeutete, und er schuf in diesem Werk das Herrlichste, was die Monumentalmalerei überhaupt hervorgebracht hat, eine Schöpfung so schön und gewaltig, daß die Nachwelt wohl das Recht hat zu glauben, der Meister habe sich hierdurch ein größeres Anrecht auf ihren Dank erworben, als wenn er jenes Riesengrabmal zur Ausführung gebracht hätte.

Papst Sixtus IV hatte bei der Anlage der nach ihm benannten Kapelle im vatikanischen Palast von vornherein die Absicht, daß dieselbe ganz mit Werken der Malerei ausgeschmückt werden sollte; darum blieb sie ohne jeden architektonischen Schmuck. Die Wände des mäßig großen, länglich viereckigen Raumes sind oben durch aneinander gereihte Rundbogen begrenzt, deren an den Langwänden je sechs, an den Schmalwänden je zwei sind; unter jedem dieser Rundbogen, mit Ausnahme der beiden an der Altarwand, befindet sich ein kleines rundbogiges Fenster.

Die Decke ist ein Spiegelgewölbe; ihr ebenes Mittelfeld geht ohne jede Abgrenzung in die gewölbten vier Seitenteile über, welche durch die von den Rundbogen der Wände aus einschneidenden Kappen in zwölf spitze Zwickel, je fünf an den Langseiten und je einen an den Schmalseiten, zerlegt werden.

Das Feld, welches sich Michelangelo zum Bemalen darbot, als er am 10. Mai 1508 sich entschloß, den ersten Strich für diese Arbeit zu thun, umfaßte außer der zusammenhängenden Fläche der Decke die dreieckigen Felder der Stichkappen und die rundbogig begrenzten Wandstücke (Lünetten), welche unter den Kappen die Fensterbogen einrahmen. Die Bemalung der Wände bis zur Höhe der Gewölbansätze war schon unter Sixtus IV begonnen worden und seit geraumer Zeit vollendet. Verschiedene florentinische Meister hatten hier das Leben Christi und das Leben Moses' geschildert, nach der im Mittelalter beliebten Weise der Gegenüberstellung von einander entsprechenden Begebenheiten des alten und des neuen Testaments. Für die Deckenmalerei hatte Julius II anfänglich keineswegs einen sehr reichen Inhalt in Aussicht genommen. Michelangelo hat darüber folgendes aufgeschrieben: „Der erste Entwurf des genannten Werks waren zwölf Apostel in den Zwickeln und das übrige in gewisser Einteilung angefüllt mit Zierwerk nach gebräuchlicher Art; nachher, als ich das Werk begonnen hatte, schien mir, daß es ärmlich ausfallen würde, und ich sagte dem Papst, daß, wenn ich die Apostel allein dahin machte, meines Erachtens die Sache ärmlich ausfallen würde; er fragte mich, warum; ich antwortete: weil sie selbst arm waren. Da gab er mir neuen Auftrag, ich solle machen, was ich wollte, und solle zufrieden sein und solle alles bemalen bis an die unten befindlichen Geschichtsbilder heran.“ —

Abb. 36. Dekorative Figur an der Decke der Sixtinischen Kapelle.
(Nach einer Originalphotographie von Braun, Clément & Cie. in Dornach i. E. und Paris.)

So ist der großartige Inhalt, den Michelangelo den Deckenmalereien gegeben hat, sein ureigenster Gedanke. Er stellte die Vorgeschichte der Erlösung dar: die

Abb. 37. Von der Decke der Sixtinischen Kapelle: Die ersten Schöpfungstage. (Gesamtansicht.)
(Nach einer Originalphotographie von Braun, Clément & Cie. in Dornach i. E. und Paris.)

Schöpfung und den Sündenfall und das weitere Versinken der Menschheit in Sünde; dazu das Hoffen auf den Erlöser, die Vorherverkündigung seiner Ankunft und Vorbedeutungen der Erlösung.

Wie der Gedanke, so ist auch die Ausführung des Werks das ausschließliche Eigentum des Meisters. Als die Kartonzeichnungen — vielleicht erst diejenige zu den Apostelfiguren — fertig waren, ließ er mehrere Maler aus Florenz kommen, die ihm bei der Ausführung behilflich sein und ihn über das Verfahren der Freskomalerei, die er niemals geübt hatte, belehren sollten. Nachdem dieselben aber angefangen hatten zu malen, fand er, daß keiner von ihnen es so machte, wie es nach seiner Absicht werden sollte, und er entließ sie wieder, nachdem er ihre Arbeit hatte herunterschlagen lassen. So malte er das große Werk ganz eigenhändig, selbst auf den Beistand eines Farbenreibers soll er verzichtet haben.

Von den Vorarbeiten zu den Deckenmalereien wissen wir wenig. Über den Verbleib der Kartons gibt es keine weitere Kunde als die, daß Michelangelo 1531 mehrere derselben verschenkte. Das einzige, was von den Vorbereitungen des Meisters zu dem ungeheuren Werk erzählt, sind einige kleine Blättchen mit Federzeichnungen, die sich als die ersten, ganz flüchtig hingezeichneten, aber schon vollkommen sprechenden Skizzen von einzelnen zu jener reichen Gestaltenwelt gehörigen Figuren erkennen lassen, sowie eine nicht gerade große Anzahl von mehr oder weniger durchgebildeten Studienzeichnungen (Abb. 33, 34, 35.) Von den in verschiedenen Sammlungen aufbewahrten Zeichnungen, welche Teile der Deckenmalerei in sorgfältiger Ausführung wiedergeben, rührt die größte Zahl nicht von der Hand des Meisters, sondern von lernbegierigen Nachfolgern desselben her; sie sind nach den fertigen Bildern oder zum Teil auch nach den Kartons

Abb. 38. Von der Decke der Sixtinischen Kapelle: Die Erschaffung der Pflanzen und der Himmelslichter. (Der obere Teil von Abb. 37.)
(Nach einer Originalphotographie von Braun, Clément & Cie. i. Dornach in E. und Paris.)

angefertigt. Doch sind auch diese Kopien, unter denen sich Blätter von bewunderungswürdiger Ausführung befinden, wohl der Beachtung wert; sie zeigen, welchen Einfluß Michelangelos unvergleichliche Art zu zeichnen auf das mitlebende und das nachfolgende Künstlergeschlecht ausgeübt hat; bei einem Vergleich der Blätter untereinander, wie ihn die nicht hoch genug zu schätzenden Braunschen Photographien nach den Reichtümern fast aller größeren Sammlungen von Handzeichnungen ermöglichen, ist es interessant zu sehen, wie verschiedenartig bisweilen ein und dasselbe Urbild von verschiedenen aufgefaßt worden ist.

Nicht unter freudigen Verhältnissen malte Michelangelo die Deckenbilder der Sixtinischen Kapelle; das bezeugen die Berichte der Lebensbeschreiber und mehr noch seine eigenen Briefe. Seine anfängliche Abneigung gegen die Arbeit, von der er erklärte, daß sie außerhalb seines Berufs läge, wurde gesteigert durch den Kampf mit den technischen Schwierigkeiten der Freskomalerei; als einmal während der ersten Zeit des Malens sich an einer Stelle Schimmelflecken zeigten, geriet der Meister in helle Verzweiflung. Doch lernte er bald das Verfahren in einer Weise beherrschen, wie es kein anderer besser gekonnt hat. Anhaltender war die bedrängte Lage, in welcher er sich durch den Umstand befand, daß er vom Papst, der 1510 gegen den König

Abb. 39. Von der Decke der Sixtinischen Kapelle: Die Erschaffung der Pflanzen. (Einzelfigur zu Abb. 38.) (Nach einer Originalphotographie von Braun, Clément & Cie. in Dornach i. E. und Paris.)

von Frankreich zu Felde zog, kein Geld bekommen konnte; dabei quälte ihn mehr noch als die eigene Lage die Sorge um das Wohl der Seinigen in Florenz; was er von früherem Verdienst erübrigt und in einem Florentiner Hause angelegt hatte, stellte er seinem Vater zur Verfügung, und eine rührende Besorgnis für seine Brüder spricht aus seinen Briefen. Eine wahre Qual war die körperliche Anstrengung beim Malen an der Decke, mit stets in den Nacken gelegtem Kopf und aufwärts verdrehten Augen. Er selbst hat in einem

Abb. 40. Von der Decke der Sixtinischen Kapelle: Die Erschaffung der Himmelslichter.
(Einzelfigur zu Abb. 38.)
(Nach einer Originalphotographie von Braun, Clément & Cie. in Dornach i. E. und Paris.)

Gedicht an einen Freund mit bitteren Scherzen geschildert, in welchem Zustand sich sein Körper befinde, wenn er, gekrümmt wie ein syrischer Bogen, das Gesicht von den herabträufelnden Farben bunt gemustert gleich einem reich eingelegten Fußboden, an dem Werke arbeite, von dem er nicht einmal einen guten Erfolg hoffte: „Ich stehe nicht am rechten Platz und bin kein Maler,“ sind die Schlußworte des Gedichts. Seine Augen gewöhnten sich schließlich so sehr an die gewaltsame Verdrehung, daß er noch monatelang nach Vollendung der Malerei eines scharfen Sehens nur in der Richtung nach oben fähig war, so daß er beim Lesen von Briefen und beim Betrachten kleiner Zeichnungen das Papier über seinen Kopf halten mußte. Als die Arbeit in Fluß gekommen war und einen guten Fortgang nahm, quälte ihn der Papst mit seiner Ungeduld, das Ganze fertig zu sehen. Einmal, so erzählt Vasari, gab Michelangelo auf die ungestüm drängende Frage des Papstes, wann er fertig sein würde, die treffende Antwort: „Wenn ich damit zufrieden sein werde“, worauf Julius II erwiderte, der Meister müsse es sich genügen lassen, wenn er, der Papst, zufrieden wäre. Im Herbst 1510 war der hauptsächlichste, aber räumlich kleinere Teil der Malerei, das Mittelfeld der Decke, vollendet, und im folgenden Jahre blieb dieser Teil eine Zeitlang, während Michelangelo die Kartons für das übrige zeichnete, aufgedeckt, dem Papst und anderen zur Besichtigung. Zwei Jahre später wurde das Ganze fertig. Im Oktober 1512 konnte Michelangelo dies seinem Vater schreiben, mit dem Zusatz, daß der Papst mit dem Werk zufrieden sei; er selbst dachte auch jetzt noch mehr an das Grabmal, als an die glücklich beendete Malerei: „die anderen Dinge,“ fügt er jener Meldung hinzu, „gehen mir nicht so gut; schuld daran sind die Zeiten, die unserer Kunst“ — damit meint er die Bildhauerkunst — „sehr ungünstig sind.“ — Gerade vier und ein halbes Jahr hatte die ganze

Arbeit — mit Einschluß des ersten Versuchs mit den Apostelfiguren — gedauert; davon kamen zwanzig Monate auf das mühevolle Malen an der Decke selbst; den größeren Teil der Zeit nahmen selbstverständlich die Kartons in Anspruch, die mit der größten Genauigkeit gezeichnet werden mußten, da Michelangelo an der dicht über seinem Kopfe befindlichen Decke gar keinen Überblick über die großen Gestalten hatte, deren Verkürzungen sich — wie er gleichfalls in jenem Gedichte klagt — vor seinen Augen in der einen Richtung in die Länge dehnten und nach der anderen sich zusammenzogen.

Am 31. Oktober 1512 wurden die

Abb. 41. Von der Decke der Sixtinischen Kapelle: Der fünfte und sechste Schöpfungstag. (Nach einer Originalphotographie von Braun, Clément & Cie. in Dornach i. E. und Paris.)

Abb. 42. Von der Decke der Sixtinischen Kapelle: Die Erschaffung Adams.
(Nach einer Originalphotographie von Braun, Clément & Cie. in Dornach i. E. und Paris.)

Gerüste aus der Sixtinischen Kapelle weggeräumt, und am folgenden Tag, dem Fest aller Heiligen, las der Papst die erste Messe in dem so herrlich geschmückten Raum.

Was dem Besucher der Sixtinischen Kapelle beim Betrachten der Deckenmalerei zuerst in die Augen fällt, ehe er noch dazu kommt, die überwältigende Wirkung der einzelnen Darstellungen zu empfinden, ist die geradezu unvergleichliche architektonische Über den Pilasterpaaren der Langseiten ragen kräftige Aufsätze in das Mittelfeld hinein, und hinter oder über diesen Aufsätzen spannen sich, den Pilastern entsprechend, Marmorbalken quer über die Mittelfläche, die so in neun Bildfelder, vier größere und fünf kleinere, zerlegt wird. Dieses ganze baukünstlerische Rahmenwerk ist vollendet plastisch gemalt, aber seine ganze Anordnung schließt jeden Gedanken an die

Abb. 43. Von der Decke der Sixtinischen Kapelle: Die Erschaffung des Weibes.
(Nach einer Originalphotographie von Braun, Clément & Cie. in Dornach i. E. und Paris.)

Gliederung, welche der Meister der großen zusammenhängenden Fläche der Decke gegeben und durch die er sich die Rahmen für seine Bilder geschaffen hat (s. d. Übersichtsblatt). An den gewölbten Seitenteilen der Decke steigt in jedem der zwölf Zwickel ein durch Kinderfigürchen, die wie die Architekturformen als Marmor gemalt sind, belebtes Pilasterpaar empor; ein durchgehendes Gesims, das die Pilaster miteinander verbindet, schließt den senkrecht gedachten Teil der Fläche ab und bildet die Umrahmung des wagerechten Mittelfeldes. Absicht einer groben Augentäuschung aus; daß die Architektur nicht als eine wirklich zu denkende, sondern als eine ideale gelten will, erfährt seine höchste Bekräftigung dadurch, daß lebendige, in natürlichen Farben gemalte Menschengestalten den Schmuck der Aufsätze über den Pilasterpaaren bilden. Diese die Architektur bekrönenden Figuren, sämtlich nackte Jünglinge in der blühendsten Fülle der Kraft, sind die berühmten „Ignudi“, die in der Wiedergabe des unverhüllten menschlichen Körpers das Höchste bieten, was die Malerei jemals zu erreichen imstande gewesen ist. Äußerlich begründet ist das Vorhandensein dieser Gestalten dadurch, daß dieselben die Bänder halten, an welchen kreisrunde Erztafeln mit (nicht mehr recht erkennbaren) inhaltlich nebensächlichen Bildchen befestigt sind; ihre wesentliche Bedeutung aber ist keine andere, als diejenige des Schmückens. Die niederländischen Maler des vorhergegangenen Jahrhunderts schmückten die zierlichen Einrahmungen, mit welchen sie die reizenden kleinen Miniaturen fürstlicher Gebetbücher umgaben, mit fein gemalten Abbildungen von Nelken, Wickenblüten und ähnlichen zierlichen Naturerzeugnissen: Michelangelo gab der Umrahmung der gewaltigen Freskogemälde, welche in der vornehmsten Kapelle der Christenheit die Schöpfungsgeschichte erzählten, den denkbar großartigsten Schmuck, indem er die Krone der Schöpfung, den Menschen, in diesem Sinne verwendete. Und in der That, ein herrlicher Schmuck sind diese Gestalten; wie sie bald in der Ruhe, bald in lebhafter Bewegung die Pracht ihrer Glieder zeigen, sind sie wahre Offenbarungen von der Schönheit der Menschengestalt, und in ihrer, man kann nur sagen urweltlichen Größe und Erhabenheit stehen sie himmelhoch über allem Gewöhnlichen, Kleinen und Kleinlichen, das den Erdenbewohnern anhaftet; einzelne dieser großartigen Gestalten gehören zweifellos zu dem Schönsten und Formvollendetsten, was die Malerei in ihrer ganzen Geschichte aufzuweisen hat (Abb. 36).

Die Reihe der erzählenden Bilder nimmt ihren Anfang in dem der Altarwand zunächst liegenden Feld. Gott scheidet das Licht von der Finsternis, ist der Inhalt des ersten Bildes, das in verhältnismäßig engem Raum eine unendliche Größe entfaltet. Die überlebensgroße Gestalt des Schöpfers hebt sich empor, sie wird sozusagen plötzlich sichtbar, ihre Füße sind noch verborgen, und schon erfüllt sie den ganzen Raum, den sie schräg durchschneidet, um mit gebietender Aufwärtswendung des Hauptes und mit machtvoller Bewegung der Arme die Scheidung zwischen dem Licht und dem Dunkel auszusprechen (Abb. 37, unterer Teil). Das zweite Bild (Abb. 37, oberer Teil mit den Einzelstücken Abb. 38, 39, 40) faßt zwei verschiedene Darstellungen in einer wunderbar wirkungsvollen Weise zusammen. Die Himmelsfeste ist geschaffen. Über die Erde einher bewegt sich der Schöpfer, und ein Ausbreiten seiner Hand läßt Gras und Kräuter emporsprießen; seine Bewegung ist kein Schweben, ist kein Fliegen; es ist ein Getragensein von eigener Kraft, ein Durchsausen des Weltenraums. Das Schrankenlose dieser Sturmesbewegung wird dem Beschauer doppelt fühlbar dadurch, daß die ganz verkürzt gesehene Gestalt sich von ihm abwendet, man glaubt, sie müsse gleich den Blicken entschwunden sein (Abb. 39). Das Planmäßige der Bewegung aber wird in einer ganz unvergleichlichen Weise verbildlicht dadurch, daß dieselbe Gestalt von der anderen Seite wieder in den Bildraum hineinsaust; ganz von vorn gesehen, zeigt Jehovah hier zuerst dem Beschauer die schreckliche Majestät seines Antlitzes (Abb. 40). Die Arme ausspannend über ungemessene Weiten, gebietet er, ohne in der Bewegung innezuhalten, der Sonne und dem Mond, an ihren bestimmten Stellen zu sein. Dieses Mal erscheint Gott nicht mehr allein; Engel sind inzwischen geworden, die sich seiner Bewegung anschließen und den Schöpfer und seine Werke staunend bewundern. Das dritte Bild (Abb. 41, unterer Teil) zeigt den Schöpfer, von Engeln begleitet, über der Wasserfläche schwebend; seine Linke streckt sich aus, die Rechte hebt sich empor, und im Wasser regt sich das Tierleben. — Von nun an wird die Erde der Schauplatz der Darstellungen. Die Bewegung des Schöpfers, die im ersten Bilde als eine mächtig aufwärts steigende, dann als eine das Weltall durchkreisende — stürmisch im zweiten, etwas ruhiger im dritten Bilde — erschien, verwandelt sich im vierten Bild (Abb. 41, oberer Teil) in eine abwärts schwebende: Gott läßt sich auf die Erde hernieder, um den Menschen ins Dasein zu rufen. Es ist der letzte Tag der Schöpfungsarbeit: in einer halb ruhenden Stellung, von den begleitenden Engeln gestützt, begibt sich Jehovah an die Vollendung des Werks. Dieser zur Ruhe neigende Jehovah ist eine der allergewaltigsten Schöpfungen von Michelangelos fast übermenschlich zu nennender Erfindungskraft: man sieht, es ist nicht das Bedürfnis, sondern der Wille, zu ruhen, was hier dargestellt ist; auch in der Lage eines Ruhenden bewegt die Gestalt des Schöpfers sich aus ureigener Kraft vorwärts,

Abb. 44. Von der Decke der Sixtinischen Kapelle: Der Sündenfall und die Vertreibung aus dem Paradies.
(Nach einer Originalphotographie von Braun, Clément & Cie. in Dornach i. E. und Paris.)

Abb. 45. Von der Decke der Sixtinischen Kapelle: Das Opfer der Söhne Adams; Die Sintflut.
(Nach einer Originalphotographie von Braun, Clément & Cie. in Dornach i. E. und Paris.)

die tragenden Engel werden von dieser Kraft mitgenommen. In einem wunderbaren Gegensatz hierzu steht die Gestalt des Erschaffenen, welche die Kraft, sich zu bewegen, eben erst empfängt. Auf der Erde, die in erhabener Einfachheit durch zwei hintereinander aufsteigende Berglinien angedeutet ist, ruht der Leib des ersten Menschen; Jehovah streckt die Rechte aus, und wie sein Finger den Finger des Menschen berührt, wird in dem Leib die Seele lebendig; der Oberkörper der prachtvollen Riesengestalt richtet sich langsam auf, noch schwer lastend auf dem stützenden rechten Arm, zugleich zieht das linke Bein sich an, um das Aufstehen vorzubereiten, der Kopf hebt sich empor und wendet sich, der erste Blick der geöffneten Augen schaut das Angesicht Gottes

(Abb. 42). Dieses Erwachen aus der Leblosigkeit zum Leben ist ebenso einzig, ebenso urgewaltig geschildert, wie die Unbegrenztheit ewiger Kraft in den Gestalten des schaffenden Gottes. Michelangelos Schöpfungsbilder überragen auf einsamer Höhe unermeßlich weit alles, was vorher und nachher an Versuchen, das Unbegreiflichste in mit freudiger Dankbarkeit begrüßt sie das Leben, sie neigt sich zum Niederknieen und streckt die gefalteten Hände anbetend dem Geber des Daseins entgegen (Abb. 43). Das folgende Bild vereinigt die beiden Darstellungen der Sünde und der Strafe des ersten Menschenpaars. Auf der einen Seite sehen wir die beiden Prachtgestalten

Abb. 46. Von der Decke der Sixtinischen Kapelle: Der Prophet Jeremias.
(Nach einer Originalphotographie von Braun, Clément & Cie. in Dornach i. E. und Paris.)

begreifliche Formen zu kleiden, gemacht worden ist. Den Schluß der Schöpfungsbilder macht die Erschaffung der Eva. Der Herr ist auf die Erde herabgestiegen; auf dem Boden wandelnd, naht er sich dem Geschöpf nach seinem Ebenbilde. Mahnender Ernst und wohlwollende Milde zugleich sprechen aus seinem Angesicht, wie er die Rechte erhebt; und dem gebietenden Zuge dieser Hand folgend, erhebt sich aus der Seite des in tiefen Schlaf versunkenen Adam das Weib; des Adam und der Eva unter dem Baum der Erkenntnis; das Weib sitzt zu den Füßen des Mannes am Boden, den Rücken gegen den Baum gekehrt; die Versuchung naht heimlich, überraschend. Die Schlange, deren Körper oben in Weibesgestalt übergeht, hat sich am Stamm des Baumes emporgeringelt, der Frauenleib setzt zwischen den Ästen die schleichende Bewegung fort, und das Haupt verbirgt sich im Schatten der dichten Zweige. Man glaubt zu hören, wie die Versucherin

Abb. 47. Von der Decke der Sixtinischen Kapelle: Die libysche Sibylle (nebst den in das Mittelfeld der Decke hineinreichenden dekorativen Gestalten).
(Nach einer Originalphotographie von Braun, Clément & Cie. in Dornach i. E. und Paris.)

der Eva leise zuruft; diese wendet den Kopf, und beim Anblick der Frucht, die jene ihr hinhält, streckt sie auch schon begehrlich die Hand aus, um dieselbe anzunehmen; und da das Gebot einmal übertreten ist, greift Adam ohne Zaudern in die vollen Zweige. Der Erkenntnisbaum bildet die Abgrenzung der beiden Bildhälften gegeneinander. In einer eigentümlich wirkungsvollen Zusammenstellung erscheint unmittelbar neben der Versucherin der Racheengel, und wie jene in geschmeidiger Bewegung die verbotene Frucht hinabreicht, so streckt dieser mit wuchtiger Kraft das richtende Schwert gegen die der Strafe verfallenen Menschen aus. Voll Schmerz und Zerknir-

Abb. 48. Von der Decke der Sixtinischen Kapelle: Die persische Sibylle (mit dem Anschluß an das Mittelfeld der Decke).
(Nach einer Originalphotographie von Braun, Clément & Cie. in Dornach i. E. und Paris.)

schung einander anblickend, der Mann mit einer Gebärde leidenschaftlicher Klage, in schamvoller Verzweiflung das Weib, so verläßt das erste Menschenpaar das Paradies. Unvergleichlich in ihrer Einfachheit und Größe ist die Andeutung der Landschaft: auf der Paradiesesseite genügen einige leichte Bewegungen der Liuie, welche die Erde gegen den Himmel abgrenzt, um im Verein mit den herabhängenden dichten Zweigen des Baumes den Eindruck gesegneter Üppigkeit hervorzurufen; bei der Verstoßung verläuft der Erdboden in eine kahle Ebene, die den Eindruck trostloser Öde her-

Abb. 49. Von der Decke der Sixtinischen Kapelle: Der Prophet Daniel.
(Nach einer Originalphotographie von Braun, Clément & Cie. in Dornach i. E. und Paris.)

vorruft (Abb. 44). — Die drei letzten Bilder der Reihe verlassen den überlebensgroßen Maßstab; hier werden irdische Begebenheiten in Figuren von natürlicher Größe dargestellt. Den Anfang macht das Opfer Kains und Abels, als der Beginn des Versinkens der Menschheit in Sünde. Das Bild erscheint beim ersten Anblick befremdlich durch seinen Figurenreichtum; der Künstler hat angenommen, daß Adams Familie schon zahlreich geworden ist zu der Zeit, wo die beiden Opfer dargebracht werden. Adam und Eva stehen, hochbetagt, hinter dem aufgebauten Altar; Abel streut die Feldfrüchte in die Opferflamme, Kain schickt sich an, den Widder zu schlachten, während andere noch weitere Opfertiere herbeibringen, Holz zum Feuer tragen und das Feuer anblasen (Abb. 45, unterer Teil). Dann folgt die Sintflut. Verzweifelte Menschen erklimmen die letzten aus dem Wasser ragenden Höhen; Mütter tragen ihre Kinder, Männer ihre Weiber hinauf, andere haben sich mit Habseligkeiten beladen; mühsam schleppt ein kräftiger Greis den leblosen Körper seines erwachsenen Sohnes auf ein kleines Eiland, auf dem eine Anzahl schon früher angelangter Flüchtlinge ein Zelt aufgeschlagen hat, unter dem sie in dumpfer Hoffnungslosigkeit das steigende Wasser anstarrt; weiter in der Ferne drängen sich einige in Kähnen, die gleich versinken müssen; ganz im Hintergrund des Bildes, auf dem kein Horizont die endlose Wasserfläche begrenzt, schwimmt die Arche (Abb. 45, oberer Teil). Den Schluß der Bilderreihe macht die Darstellung des trunkenen Noah mit seinen Söhnen, von denen der eine ihn verspottet: auch die aus der großen Flut Geretteten sind im Banne der Sünde, und das von dem zweiten Stammvater ausgehende Menschengeschlecht bedarf der Erlösung.

Daß die Erlösung kommen würde, ward dem Menschengeschlecht verheißen, und die gottbegnadeten Seher, durch deren Mund die Verheißung ausgesprochen wurde, sind es, deren Gestalten ringsum an der Decke in dem Architekturgerüst, welches das Mittelfeld einfaßt, erscheinen. Jedes der gemalten Pfeilerpaare in den zwölf Zwickelfeldern wird durch eine Marmorwand und einen Marmorsitz derartig verbunden, daß das Ganze gleichsam einen mächtigen Thron bildet. In diesen Thronnischen sitzen die Propheten und Sibyllen, zu denen sich, um ihre Verbindung mit der überirdischen Welt anzu-

Abb. 50. Von der Decke der Sixtinischen Kapelle: Die cumäische Sibylle (mit dem Anschluß an das Mittelfeld der Decke).
(Nach einer Originalphotographie von Braun, Clément & Cie. in Dornach i. E. und Paris.)

Abb. 51. Von der Decke der Sixtinischen Kapelle: Der Prophet Ezechiel, (mit dem Anschluß an das Mittelfeld und den angrenzenden Fensterkappen.
(Nach einer Originalphotographie von Braun, Clément & Cie. in Dornach i. E. und Paris.)

deuten, jedesmal ein Paar von Engelkindern gesellt. Die Annahme, daß dem Heidentum durch die Sibyllen ähnliche Vorherverkündigungen des Erlösers zu teil geworden seien, wie dem Judentum durch die Propheten, war schon im Mittelalter ausgesprochen worden; wenn die Kirche diese Ansicht auch niemals förmlich anerkannte, so mißbilligte sie dieselbe doch nicht, und die heidnischen Sibyllen als Gegenbilder der jüdischen Propheten hatten schon vor der Renaissancezeit in der christlichen Kunst einen Platz gefunden, wie ja auch in dem ergreifenden alten Kirchenliede „Dies irae“ neben David

Abb. 52. Von der Decke der Sixtinischen Kapelle: Die erythräische Sibylle (mit dem Anschluß an das Mittelfeld der Decke).
(Nach einer Originalphotographie von Braun, Clément & Cie. in Dornach i. E. und Paris.)

die Sibylle als Zeugin des kommenden Weltgerichts genannt wird. Gewöhnlich werden zehn verschiedene Sibyllen aufgezählt. Michelangelo hat sich mit der Zahl der Propheten und Sibyllen nach den vorhandenen Räumen gerichtet. Er ließ an den beiden Langseiten der Decke die männlichen Gestalten mit den weiblichen abwechseln, und zwar in der Weise, daß jedesmal ein Prophet und eine Sibylle einander gegenübersitzen; an die beiden Schmalseiten malte er Propheten. Es sind im ganzen also sieben Propheten und fünf Sibyllen. Die Namen der doppelt lebensgroßen Gestalten sind auf Täfelchen zu lesen, welche unterhalb der Fußbank eines jeden Thrones ein Engelknabe über seinem Kopfe hält. Durch diese Inschriftträger wird das unterste spitzige Ende eines jeden Zwickelfeldes auf das trefflichste ausgefüllt; die neben den Thronpfeilern übrigbleibenden dreieckigen Felder an den Spitzen der Gewölbekappen sind mit lediglich dekorativen Figuren ausgefüllt, die in dunklen Bronzetönen gemalt sind (siehe das Übersichtsblatt und Abb. 60). Wenn es statthaft wäre, von einem Übertreffen der Schöpfungsbilder Michelangelos zu sprechen, so könnte man sagen, daß dieselben überboten seien durch die mächtigen Gestalten der Seher und Seherinnen, die bis in das tiefste Innere

Abb. 53. Von der Decke der Sixtinischen Kapelle: Der Prophet Jesaias, (mit dem Anschluß an das Mittelfeld).
(Nach einer Originalphotographie von Braun, Clément & Cie. in Dornach i. E. und Paris.)

Abb. 54. Von der Decke der Sixtinischen Kapelle: Die delphische Sibylle.
(Nach einer Originalphotographie von Braun, Clément & Cie. in Dornach i. E. und Paris.)

der Seele von der ihnen zu teil gewordenen Offenbarung ergriffen scheinen, die in ihrem stummen Dasitzen Empfindungen gewahren lassen, wie der gewöhnliche Sterbliche sie nicht mitempfinden, sondern nur mit ehrfurchtsvollem Schauer ahnen kann; sie entrücken den Beschauer dem alltäglichen Dasein und lassen ihn teilnehmen an einem übermenschlich großartigen, von unergründlichen Geheimnissen erfüllten Seelenleben. — Gleich neben dem ersten Schöpfungsbilde erblicken wir zwei der allerherrlichsten unter diesen unvergleichlichen Gestalten. Rechts (vom Altar aus) sitzt der Prophet Jeremias, das ergreifende Bild eines Mannes, dessen thatkräftigen Körper die Last der schweren Gedanken niederbeugt; man sieht in ihm, wie Vasari treffend sagt, „die Schwermut, das Grübeln, das Nachsinnen und den bitteren Gram um seines Volkes willen“. Seine Empfindungen spiegeln sich wieder in Haltung und Antlitz der Engelknaben, welche hinter seinen Achseln stehen (Abb. 46). Die Sibylle ihm gegenüber, an der linksseitigen Anwölbung der Decke, ist als die libysche bezeichnet. Die Tochter der afrikanischen Wüste erscheint in fremdartiger Tracht. Sie ist ganz von innerer Glut erfüllt; sie hat die Niederschrift ihrer Eingebung vollendet, und um das große Buch beiseite zu legen und zu schließen, dreht sie sich mit lebhafter Bewegung auf dem Sitze um, hält aber dabei den Kopf nach dem Beschauer hingewendet, abwärts über die Schulter blickend. Geheimnisvoll raunen die Engelkinder miteinander, welche sie begleiten (Abb. 47). Auf Jeremias folgt die persische Sibylle, die, im Gegensatz zu der jugendkräftigen Libyerin, als eine uralte Matrone dargestellt ist; sie ist tief eingehüllt in faltenreiche Gewänder, und mit gekrümmtem Nacken hält sie die Schrift, wie um sie zu überlesen, dicht vor ihre Augen (Abb. 48). In der Blüte der Jugend erscheint ihr gegenüber Daniel, der mit glühendem Eifer den Inhalt des Buches, das er auf dem Schoße hält und zu dessen Unterstützung einer der Engelknaben sich zwischen seine Kniee gestellt hat, auf einer seitwärts stehenden Tafel auf einzelne Blätter überträgt (Abb. 49).

Abb. 55. Von der Decke der Sixtinischen Kapelle: Der Prophet Joel (mit den anstoßenden Stücken des Mittelfeldes und der Fensternischen.
(Nach einer Originalphotographie von Braun, Clément & Cie. in Dornach i. E. und Paris.)

Abb. 56. Von der Decke der Sixtinischen Kapelle: Der Prophet Zacharias.
(Nach einer Originalphotographie von Braun, Clément & Cie. in Dornach i. E. und Paris.)

Die cumäische Sibylle, welche auf Daniel folgt, ist wieder eine alte Frau; aber ihr Alter ist nicht das einer gebrechlichen Greisin; sie ist nicht von der Art gewöhnlicher Sterblichen, sie ist ein Riesenweib, das einem längst vergangenen Geschlecht entstammt, das Jahrhunderte kommen und gehen gesehen hat. Fast mit Scheu blicken die Engelknaben in das Buch, in welchem die Vorweltriesin blättert, jenes Buch, in dem die Geschicke Roms verzeichnet waren (Abb. 50). Während diese Sibylle mit eisiger Ruhe ihre Schicksalssprüche liest, ist der Prophet Ezechiel ihr gegenüber von flammender Begeisterung erfaßt; seine kräftige Gestalt, die an der Grenze des Mannes- und des Greisenalters steht, ist von Bewegung durchzittert, sein Kopf wendet sich mit einer Heftigkeit, welche das morgenländische Schultertuch flattern macht, dem aufwärts deutenden Engelknaben zu, die linke Hand ist mit der Schriftrolle herabgesunken, während die rechte sich öffnet, wie um mit lebhafter Gebärde die Worte einzuleiten, welche von den erhabensten Gesichten reden sollen (Abb. 51). In wirksamem Gegensatz zu diesem Feuer steht die kalte Ruhe der nächsten Figur; es ist die erythräische Sibylle, die jüngere Nachfolgerin der cumäischen, ein muskelstarkes Weib gleich jener, aber doch nicht von so übermenschlich gewaltigen Formen; sie schlägt mit unerschütterlicher Gelassenheit die Blätter des Schicksalsbuches der ewigen Stadt um, während der Engelknabe über ihrem Haupt eine Lampe mit seiner Fackel entzündet (Abb. 52). Der erythräischen Sibylle gegenüber ist der Prophet Jesaias dargestellt in dem Augenblick, wo er die göttliche Offenbarung empfängt. Der Prophet, ein noch jugendlicher Mann, hat in einem Buche geforscht; er war ganz versunken in das Forschen, sein Haupt ruhte in der aufgestützten linken Hand. Da sind die Himmelsboten herabgestiegen, der eine der lieblichen kleinen Engel, dessen Gewand noch in der Luft flattert, läßt sich an der Schulter des Mannes nieder, um ihm verborgene Wahrheiten zuzuflüstern; und nun schließt sich das Buch, der Kopf hebt sich empor aus der stützenden Hand und wendet sich nach dem Engel hin; die ganze Seele des Mannes Locken in die Höhe und macht die Haare der beiden Engel flattern, von denen der eine sich in das Buch der Weissagungen vertieft (Abb. 54). Die delphische Sibylle gibt der linksseitigen Reihe der Seher und Seherinnen einen Schluß, der ebenso prächtig ist wie der Anfang; diese wundervolle

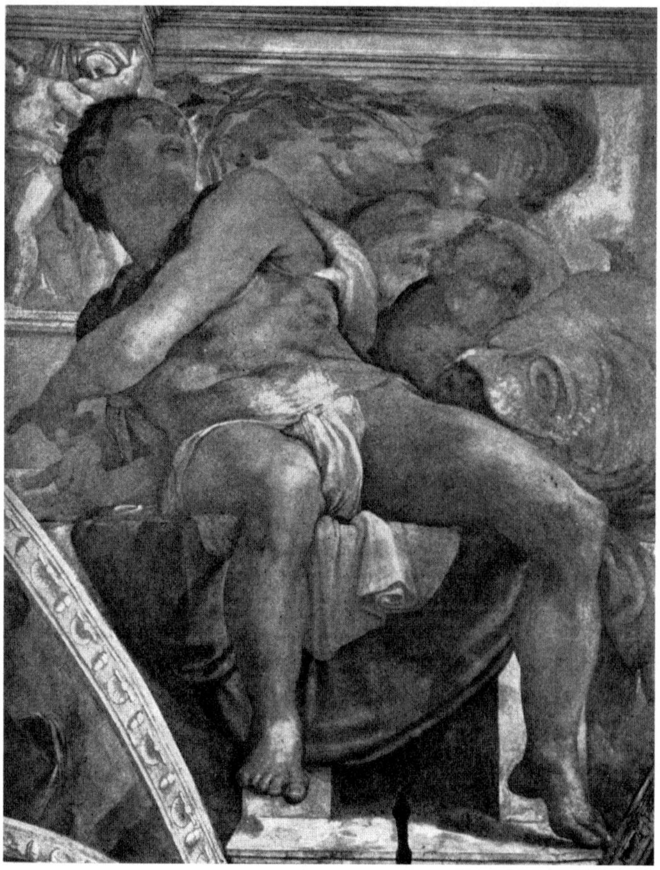

Abb. 57. Von der Decke der Sixtinischen Kapelle: Der Prophet Jonas.
(Nach einer Originalphotographie von Braun, Clément & Cie. in Dornach i. E. und Paris.)

lauscht, man glaubt zu sehen, wie er den Atem anhält (Abb. 53). Auf Jesaias folgt die delphische Sibylle. Sie hebt ihre Schriftrolle empor mit einer Bewegung, als ob sie sich scheue, deren Inhalt der heidnischen Welt mitzuteilen; die heilige Begeisterung, welche die Seherin ergriffen hat, läßt ihre Augen leuchten und durchschauert die feierlich dasitzende Gestalt mit einer unwillkürlichen Bewegung. Ein Windstoß treibt die unter dem Kopftuch der Seherin hervorwallenden Gestalt steht der libyschen Sibylle an malerischer Schönheit nur wenig nach, an Formenschönheit ist sie ihr fast überlegen. Michelangelo fand selten Gefallen daran, weibliche Schönheit zu verbildlichen; wo er aber solche als dem Inhalt seiner Gedanken entsprechend darstellen wollte, da that er es mit Meisterschaft, und er wollte sie darstellen, wie früher bei den verschiedenen Madonnenbildern, so hier bei der Vertreterin Griechenlands. Den Schluß der rechtsseitigen Reihe macht der Prophet Joel. Er ist ein unbärtiger Mann mit hoher Stirn und ergrauendem Haar; seine Augen fliegen über die Schriftrolle, die er mit beiden Händen hält, Kopf und Haltung bezeichnen eine Persönlichkeit, die zu entschlossenem Handeln bereit ist, die laut und rückhaltlos die Worte der Zukunft verkündigen wird (Abb. 55). Über der Eingangswand der Kapelle erscheint der Prophet Zacharias. Diese ehrwürdige Greisengestalt mit kahlem Schädel und langem Bart, die mit unerschütterlicher Ruhe Blatt für Blatt in dem Buche der Strafen und der Verheißungen umschlägt, ist vielleicht die allerschönste unter all diesen erhabenen Gestalten. Die beiden Engel stehen in schweigender Ehrfurcht hinter dem Rücken des Greises, sie halten einander umschlungen und blicken über seine Schulter in das Buch (Abb. 56). Die überall durchgeführte Anordnung, daß zwischen den einander gegenüber befindlichen Gestalten eine lebhafte Wechselwirkung durch Gegensätze besteht, kommt am sprechendsten zur Geltung bei den beiden Propheten der Schmalseiten. Über der Altarwand, also dem Zacharias gegenüber, ist Jonas dargestellt; wie jener der ruhigste, so ist dieser der bewegteste von allen; jener ist ganz eingehüllt in die weiten Falten von Rock und Mantel, dieser entbehrt des Gewandes. Jonas ist dargestellt in dem Augenblick, wie er aus dem Rachen des Meerungeheuers, das seitwärts sichtbar wird, wieder ans Licht gekommen ist, ein Gegenstand des Staunens für die Engelknaben. Noch nicht ganz Herr seiner Glieder, hat er den Oberkörper hintenüber geworfen und atmet mit tiefen Zügen die Himmelsluft ein; mit Blicken unaussprechlichen Dankes wendet sich sein Kopf nach oben, und der Prophet erschaut die verheißungsvolle Bedeutung seiner Geschichte (Abb. 57).

Abb. 58. Gleichzeitige Abbildung (nach dem Karton) von Michelangelos Gemälde „Die eherne Schlange“ an der Decke der Sixtinischen Kapelle. In der Albertina zu Wien.
(Nach einer Originalphotographie von Braun, Clément & Cie. in Dornach i. E. und Paris.)

Die Geschichte des Jonas hat von jeher als eine Vorbedeutung der Auferstehung Christi gegolten; es ist daher nicht Zufall, daß Michelangelo ihm den Platz über dem Altar angewiesen hat.

Das Bild des Jonas, der nicht sowohl durch seine Worte, als vielmehr durch seine Erlebnisse Prophet ist, leitet hinüber zu den Bildern, in denen vorbedeutende Begebenheiten aus der Geschichte des alten Bundes geschildert sind. In den gewölbten Zwickelfeldern, welche in den vier Ecken der Kapelle aus der Verschmelzung von je zwei Stichkappen entstehen (siehe das Übersichtsblatt), hat Michelangelo Ereignisse dargestellt, welche als Errettungen des auserwählten Volkes von drohendem Untergang einen vorbildlichen Hinweis auf die Erlösung enthalten; die bildliche Wiedergabe dieser Ereignisse schließt sich dem Sinne nach unmittelbar an die bildliche Darstellung der Vorherverkündiger des Erlösers an. Links von Jonas ist die Erhöhung der ehernen Schlange in der Wüste dargestellt, eine Begebenheit, welcher die besondere Bedeutung innewohnt, daß sie nach den Worten des Heilands selbst ein Vorbild der Erhöhung Christi am Kreuze ist. Die größere Hälfte des Gemäldes, das sich in dem beschränkten und unbequemen Raum in überaus großartiger, übersichtlicher Komposition entfaltet, wird durch die Opfer der feurigen Schlangen eingenommen; die Unglücklichen, welche nicht nach dem aufgerichteten Heilszeichen hinblicken, suchen in aussichtsloser Flucht sich vor den vom Himmel herabregnenden Schlangen zu retten oder in verzweifeltem Ringen sich der todbringenden Umschlingungen zu erwehren; in einem schrecklichen Knäuel hasten und stürzen sie durcheinander. In einem wunderbar wirkungsvollen Gegensatz zu dieser wildbewegten Gruppe der dem Verderben Verfallenen steht an der anderen Seite des Bildes das zusammengescharte Häuflein der Gläubigen; die unversehrt Dastehenden und die schon getroffen am Boden Liegenden, aber im Glauben noch Rettung Findenden bilden eine eng geschlossene Gruppe, deren ruhige Umrißlinie nur durch die in der Richtung der Blicke nach der am Pfahle hängenden Erzschlange emporgestreckten Hände unterbrochen wird (Abb. 58). Nach der zeitlichen Reihenfolge der Begebenheiten folgt auf dieses Bild aus der Zeit der Wanderschaft der Israeliten das ihm gegenüber, links vom Eingang befindliche Gemälde, eine Darstellung aus den Kämpfen mit den feindlichen Stämmen, welche den Israeliten den Besitz des gelobten Landes streitig machten: die Besiegung des Philisters Goliath. Der Riese liegt von dem Steinwurf des Hirtenknaben niedergestreckt am Boden; über den schweren Körper des Gefallenen, der vergebliche Anstrengungen sich aufzurichten macht, schreitet David und holt mit dem Schwerte aus, um ihm das Haupt vom Rumpfe zu trennen. Die Gestalt Davids hebt sich von der hellen Wand eines Zeltes ab, zu dessen Seiten die Krieger dem Vorgang mit Spannung zuschauen. An diese Darstellung reiht sich die daneben, rechts vom Eingang befindliche: in der Tötung des Holofernes wird hier ein Bild aus der Zeit der Bedrängnisse durch die Assyrier vorgeführt. Judith steht auf der Schwelle des Gemachs, außerhalb dessen man in einiger Entfernung den eingeschlafenen Wächter gewahrt, und wirft einen Blick zurück auf den Leichnam des Holofernes, während sie sich anschickt, den von der Magd aufgenommenen Korb mit dem abgeschlagenen Haupt des Feindes mit einem Tuch zu verhüllen. Das gegenüberstehende Bild, an der rechten Seite der Altarwand, versetzt uns in die Zeit der Perserherrschaft. Die Bestrafung Hamans ist hier in einer dreiteiligen Komposition dargestellt. In der einen Bildecke erblicken wir den König Ahasver auf seinem Ruhebett, wie er, nachdem er aus den alten Jahrbüchern von den Verdiensten des Mardochai gehört hat, sich aufrichtet, um zu befehlen, daß dieser geehrt werde; auf der anderen Seite sehen wir das Mahl bei der Königin Esther, wie diese dem König den Haman als Feind ihres Volkes bezeichnet; die Mitte des Bildes nimmt die Gestalt des gekreuzigten Haman ein. In der Verkürzung dieser Gestalt — das Kreuz steht so, daß man es von der Seite sieht — erblickt Vasari das Meisterstück in der Überwindung der größten Schwierigkeit in der Malerei; in der That hatte niemand vor Michelangelo es vermocht, eine derartige Körperhaftigkeit gemalter Figuren auch in ganz verkürzten Ansichten zu erreichen.

Der Inhalt des gesamten Bilderkreises erhält seine Ergänzung zu einer erschöpfend vollständigen Verbildlichung der Vorgeschichte der Erlösung durch die Darstellung der leiblichen Vorfahren Christi. Diese Darstellungsreihe hat in den Wandlünetten, welche die Fensterbogen einschließen, und in den dreieckigen Feldern der Stichkappen ihren Platz gefunden (siehe das Übersichtsblatt). Die Namen der zweiundvierzig Glieder des Stammbaums, welche der Evangelist Matthäus aufzählt, hat Michelangelo auf viereckigen Tafeln verzeichnet, die mit ihrer Umrahmung ein jedes Bogenfeld in zwei

Hälften teilen. Er hat aber darauf verzichtet, die Gestalten, mit welchen er diese Namenstafeln umgab, als die geschichtlichen Träger bestimmter Namen zu kennzeichnen. Er schilderte an diesen Stellen in Familiengruppen, welche im Gegensatz zu den von überirdischem Geiste erfüllten Gestalten der Aminadab und von Naasson sind; die sieben ersten Namen waren auf den zerstörten Feldern angebracht. In den vierzehn noch vorhandenen Bogenfeldern ist jedesmal eine Familie in der Weise angeordnet, daß in der einen Hälfte der Lünette der Mann, in der anderen die Frau sitzt. In den acht

Abb. 59. Gruppe von einem Bogenfeld der Sixtinischen Kapelle.
(Nach einer Originalphotographie von Braun, Clément & Cie. in Dornach i. E. und Paris.)

Seher mehr ein allgemein menschliches Gepräge tragen, den Schmerz und die Hoffnung der auf den Erlöser harrenden Menschheit. Die Reihe begann in den beiden Bogenfeldern der Altarwand; die hier befindlichen Darstellungen aber mußten später dem über diese ganze Wand ausgebreiteten Gemälde des Jüngsten Gerichts weichen. Daher kommt es, daß jetzt die Namen, welche wir an den ersten Stellen, rechts und links zunächst der Altarwand, lesen, diejenigen von dreieckigen Feldern der Gewölbkappen erscheint jedesmal eine Familie zu einer engen Gruppe zusammengeschlossen. — Es ist leicht erklärlich, daß beim Betrachten der Deckenmalereien in der Sixtinischen Kapelle der Blick von den überwältigenden Gestalten der Propheten und Sibyllen derartig gefesselt wird, daß man es versäumt, den zwischen und unter ihren Reihen in den Fensternischen gemalten Gruppen der Vorfahren Christi — denn so müssen wir im

Abb. 60. Ein Stichkappenfeld (nebst dem anschließenden Stück der Deckenwölbung) von der Decke der Sixtinischen Kapelle.
(Nach einer Originalphotographie von Braun, Clément & Cie. in Dornach i. E. und Paris.)

allgemeinen diese Figuren bezeichnen, wenn sie auch im einzelnen namenlos bleiben — die gebührende Aufmerksamkeit zu schenken. Und doch haben sie ein sehr hohes Anrecht auf die aufmerksamste Beachtung. Es ist geradezu wunderbar, wie der Meister es verstanden hat, in eine Anzahl von gleichmäßig angeordneten Kompositionen, die ohne Handlung nur der Ausdruck einer im wesentlichen sich gleich bleibenden Stimmung sind, eine Fülle von Abwechselung zu bringen, in jeder Gruppe trotz aller Gleichartigkeit ein Bild von neuer und fesselnder Wirkung zu schaffen. In den Darstellungen der Bogenfelder läßt sich ein allmähliches Abwandeln der Empfindungen verfolgen, von der dumpfen Trostlosigkeit jener Zeiten an, denen die Ankunft des Erlösers noch in unermeßlicher Ferne liegt, bis zu denen, welche sie nahe bevorstehen sehen. Auf dem ersten der noch vorhandenen vierzehn Bilder, rechts von der Altarwand, sehen wir einen Mann, der in regungslosem Brüten vor sich hinstarrt, und ein Weib, das schwer in sich zusammengesunken ist; die Hoffnung liegt so fern, daß ihr Schimmer die Gemüter der Menschen noch nicht zu erhellen vermag. Im nächsten Bilde, gegenüber dem ersten, hat die Frau sich aufgerichtet; sie scheint ihren Mann darauf aufmerksam zu machen, daß trostgewährende Verheißungen niedergeschrieben worden seien, und dieser starrt von weitem in das Buch. Das nächste Paar erscheint in der Gestalt müder Pilger, gleich als ob sie sich aufgemacht hätten, dem verheißenden Ziel entgegenzugehen; der Mann stützt sich auf seinen Stab und schaut in die Ferne, ermattet läßt das Weib, dem ein Säugling in den Armen ruht, den Kopf sinken. Man mag bei den Pilgern auch an eine geschichtliche Andeutung denken: die Namen der entsprechenden Tafel leiten aus der Zeit des Umherirrens in der Wüste in die Zeit der Richter über. In der folgenden Gruppe äußert sich schon mehr inneres Leben. Mit tiefem Ernst zwar, aber doch gehobenen Hauptes, blickt die königlich stolze Gestalt des Mannes, bei dem die Namenreihe der Könige beginnt, vor sich hin; das Weib arbeitet mit Emsigkeit; man fühlt, daß ihre Gedanken kreisen wie die Garnwinde, welche sie handhabt. Das folgende Paar hingegen — bei den Namen der sündhaften Könige Roboam und Abias — erscheint wieder in tiefste Niedergeschlagenheit versunken; die Frau läßt den Kopf schwer zur Seite hängen, der Mann birgt, völlig gebrochen, sein Gesicht zwischen den Knieen. An der Seite des Mannes erscheint hier, und ebenso in dem vorhergehenden Bilde, ein teilnahmsvoll blickendes größeres Kind. Die Kindergestalten fehlen von jetzt ab in keinem der Bilder, und ihr harmloses Wesen bringt häufig eine wohlthuende Milderung in den schweren Ernst der Stimmung. In dem nächsten Bilde drängt sich eine ganze Schar von Kleinen um die Mutter und läßt sie unter ihren Liebkosungen die Schwermut auf einen Augenblick vergessen; auch der Mann, der sich mit Schreiben beschäftigt, scheint frei von allzu düsteren Empfindungen; die Namen der Könige Asa und Josaphat, die thaten, was recht war vor dem Herrn, rechtfertigen die lichtere Stimmung dieses Bildes. Aber in der folgenden Gruppe herrscht bei Mann und Weib wieder tiefer Gram, den die bei beiden befindlichen Kinder nicht zu zerstreuen vermögen. In noch gesteigertem Maße kommt der Gram im nächsten Bilde zum Ausdruck; eine ergreifende Gestalt ist diese junge Mutter, die leidvoll den Säugling auf dem Schoße betrachtet, während der Mann, in seinen Mantel gehüllt, sich ganz dem düsteren Grübeln hingibt. In der anschließenden Gruppe scheint der Mann der Frau Trost zuzusprechen, während in der nächstfolgenden Mann und Weib sich gegenseitig ansehen, als ob eins vom anderen Trost erwarte. Von nun an fühlt man, daß die Zeit der Erfüllung herannaht. Im nächsten Bilde blickt der Mann mit ahnungsvollem Sinnen ins Weite,

Abb. 61. Skizze eines Teiles des geplanten Grabmals für Julius II. Getuschte Federzeichnung in der Uffiziensammlung zu Florenz.
(Nach einer Originalphotographie von Braun, Clément & Cie. in Dornach i. E. und Paris.)

Abb. 62. Überlebensgroßes Marmorstandbild eines Gefangenen (für das Juliusgrabmal bestimmt). Im Nationalmuseum des Louvre zu Paris.

während die Frau ihren Knaben belehrt: mit dem Ausdruck unerschütterlicher Gewißheit scheint sie auf die kommende Zeit der Erlösung hinzuweisen (Abb. 59). Die folgende Gruppe bringt ein geduldiges Harren zum Ausdruck. In den letzten beiden Bogenfeldern, an der Eingangswand, ist die Anordnung insofern verändert, als jetzt in jeder Hälfte des Feldes eine ganze Familie erscheint. Hoffnungsfreudig blicken die Gestalten des vorletzten und in gespannter Erwartung diejenigen des letzten Bildes. — In den acht Gruppen der Gewölbekappen, welche sich alle, der spitzbogigen Begrenzung der Bildfläche entsprechend, in einer mehr oder weniger entschieden betonten Dreiecksgestalt des Gesamtumrisses aufbauen, geht in unendlich feinen Abstufungen die Empfindung eines tiefen, unstillbaren Schmerzes durch, dem nur das innige Zusammenschmiegen der liebenden Familie einen Teil seiner Bitterkeit nimmt. Meistens ist die Mutter die Hauptfigur der Gruppe, und wie sie bald in dumpfer Betäubung oder in gramvoller Niedergeschlagenheit, bald in der Aufwallung einer stummen Klage oder in der Ruhe einer mühsam errungenen Fassung dasitzt, spiegelt sich in ihren Zügen das namenlose Weh des Bewußtseins, daß den Kindern, denen sie das Dasein gegeben, die Erlösung noch fern bleibt (Abb. 60, siehe auch Abb. 51). — Je mehr man sich in diese aus dem innersten Wesen Michelangelos hervorgegangene Gestaltenwelt versenkt, um so mehr offenbart dieselbe von den tiefen Schätzen ihrer innerlichen Schönheit.

Leider ist die Zeit nicht spurlos vorübergegangen an Michelangelos riesengewaltiger malerischer Schöpfung. Mehrere klaffende Risse zeigen sich in der Decke, und der Dampf des Weihrauchs und der Kerzen hat im Lauf der Jahrhunderte den Gemälden einen dunklen Anflug gegeben. Doch beeinträchtigen weder die Risse die Wirkung der mächtigen Formen, noch auch verbirgt der schwärzliche Hauch die Schönheit der Farbe. Obgleich Michelangelo sich selbst als einen Bildhauer betrachtete, der nur nebenbei malte, so hat er in diesem Werke doch — was man nach den Staffeleibildern seiner Jugend nicht erwarten sollte — als ein echter Maler der Farbe ihr volles Recht gegeben. Was er in jenen Temperagemälden kaum angestrebt zu haben scheint, einen wohllautenden Einklang der Farbentöne, das hat er in dieser großen Freskomalerei in vollem Maße erreicht. An der Decke der Sixtinischen Kapelle ist die Farbe nicht ein nur äußerlich den Erfindungen des

Künstlers umgehängtes Kleid, sondern sie ist ein Wesensbestandteil der künstlerischen Erfindung selbst. Die wunderbar großartige und erhaben einfache Farbenstimmung ist das unmittelbare Ergebnis der nämlichen Stimmung, welche die mächtigen Formen entstehen ließ, und diese Einheit von Form und Farbe erst verleiht dem Ganzen die weihevolle Wirkung höchster Kunst, die wohl jeder Beschauer, auch der weniger kunstempfängliche, empfindet, so daß er unwillkürlich ein ehrfurchtsvolles Schweigen beobachtet.

Die weiße, bräunlich angelaufene Marmorarchitektur bindet den gesamten Deckenschmuck kräftig zusammen. Die Einzelgestalten, die mehr durch Schatten und Licht, als durch Farbengegensätze wirken, fügen sich diesem Gerüst als gleichsam mit dazu gehörig ein. Anders verhalten sich die Mittelbilder der Decke, die als selbständige Gemälde in die plastisch gemalte Umgebung eingelassen erscheinen. Sie sind in engerem Sinne malerische Schöpfungen, und in ihnen wechselt, bei aller Einheitlichkeit des Tons, die Farbenstimmung je nach dem Gegenstand. Ganz besonders bewunderungswürdig ist die mittelste Bildergruppe der Decke, von der Erschaffung Adams bis zur Vertreibung aus dem Paradies, in Bezug auf die Farbenstimmung — eine wahre Urweltstimmung — und nicht minder in Bezug auf die malerische Behandlung, die bei den Gestalten der Stammeltern in unübertrefflicher Weise die malerischen Reize einer weichen Haut, unter welcher spannkräftige Muskeln lagern, wiedergibt.

Goethe hat in wenigen unvergleichlichen Worten von dem Eindruck Kunde gegeben, welchen die Betrachtung der Sixtinischen Decke auf ihn ausübte. Als er sie das erste Mal gesehen hatte, schrieb er: „Ich konnte nur sehen und anstaunen. Die innere Sicherheit und Männlichkeit des Meisters, seine Großheit geht über allen Ausdruck.“ Und nachdem er ein zweites Mal den Anblick „des größten Meisterstücks“, durch den sein Auge „ausgeweitet und verwöhnt“ wurde, genossen hatte, fand er den treffenden Ausdruck in

Abb. 63. Überlebensgroßes Marmorstandbild eines Gefangenen (für das Juliusgrabmal bestimmt). Im Nationalmuseum des Louvre zu Paris.

den Worten: „Ich bin in dem Augenblicke so für Michelangelo eingenommen, daß mir nicht einmal die Natur auf ihn schmeckt, da ich sie doch nicht mit so großen Augen, wie er, sehen kann.“

Während Michelangelo die Deckenmalereien in der Sixtinischen Kapelle ihrem Ende entgegenführte — mit mehr Mühe als je ein Mensch ausgestanden, in schlechter Gesundheit, mit größter Anstrengung und mit Geduld, wie er im Juli 1512 seinem Bruder schrieb —, vollzogen sich in Florenz große Umwälzungen. Die Mediceer konnten sich nicht in den Verlust der Herrschaft schicken, welche ihre Familie so lange Zeit hindurch über ihre Mitbürger ausgeübt hatte, und sie boten alles auf, um dieselbe wiederzugewinnen. Im Jahre 1512 willigten Papst und Kaiser in die gewaltsame Wiedereinführung der beiden noch lebenden Söhne Lorenzos des Herrlichen — der älteste, Piero, war inzwischen in französischen Diensten in der Schlacht am Garigliano umgekommen — in Florenz. Ein spanisches Heer, das zu diesem Zwecke gegen die Republik aufbrach, verbreitete durch die Erstürmung und grausame Plünderung der florentinischen Stadt Prato solchen Schrecken vor sich her, daß die Florentiner, nachdem sie Soderini zur Abdankung gezwungen, sich gutwillig zur Wiederaufnahme der Mediceer verstanden. Giuliano, der jüngste Sohn Lorenzos, war der erste des verbannten Geschlechts, der die Vaterstadt wieder betrat. Nach ihm kam am 11. September 1512 der ältere Bruder, der Kardinal Giovanni de' Medici, der mit einem Gefolge von 400 Geharnischten seinen Einzug hielt und sofort die Stellung eines Oberherrn von Florenz wieder einnahm.

Michelangelo verfolgte mit bebendem Herzen die Vorgänge in der geliebten Heimat. Die zahlreichen Briefe mit Ratschlägen und Verhaltungsmaßregeln, welche er den Seinigen schrieb, geben Kunde von seiner fürchterlichen Aufregung. Er hatte Soderini so vieles zu verdanken; das Schicksal von Prato hatte ihn gegen die Mediceer erzürnt. Aber andererseits war er mit diesem Hause durch die Bande alter Anhänglichkeit verknüpft. Als die Entscheidung gefallen war, brachte er zu Gunsten seines Vaters, der über die Härte einer ihm aufgelegten Schatzung von 60 Dukaten (ungefähr 600 Mark) jammerte, die alten Beziehungen in Erinnerung; er schrieb ein paar Zeilen an Giuliano de' Medici, und er hatte den Erfolg, daß dem greisen Lodovico Buonarroti alsbald das Amt wiederverliehen wurde, welches derselbe vor der Vertreibung der Mediceer inne gehabt hatte.

Giovanni de' Medici blieb nicht lange Herrscher von Florenz. Schon im nächsten Frühjahr wurde er zu einer höheren Stellung berufen: er wurde der Nachfolger Julius' II.

Julius II, den die Geschichte als einen Kriegsfürsten zu bezeichnen pflegt, ist als Förderer der Künste von keinem anderen Papst übertroffen worden. Das herrlichste Denkmal seines Kunstsinns ist die von Michelangelo gemalte Decke der Sixtinischen Kapelle. Der Papst war wohl berechtigt, dieses Werk mit seinem Wappen bezeichnen zu lassen — wir erblicken das Wappen, dessen Figur ein Eichbaum (rovere) ist, unterhalb des Propheten Zacharias an der sonst durch einen Engelknaben eingenommenen Stelle, und ursprünglich befand es sich auch unterhalb des Jonas —; und Michelangelo hatte recht, das Ansinnen eines späteren Papstes, der sein eigenes Wappen demjenigen Julius' II gegenüber angebracht zu sehen wünschte, freimütig zurückzuweisen. Nach der Beendigung der Sixtinischen Decke hielt Papst Julius den Meister nicht länger von der Ausführung seines Grabmals zurück. Er fühlte wohl, daß er selbst die Vollendung dieses Werkes nicht mehr erleben würde; aber er trug Sorge dafür, daß dasselbe auch nach seinem Tode ebenso prächtig, wie er es mit Michelangelo verabredet hatte, zustande kommen sollte. In seinem letzten Willen übertrug er seinem Notar Lorenzo Pucci — nachmals Kardinal der Kirche Santi Quattro — und seinem Vetter Bernardo Grossi della Rovere, Kardinal von Agen, die Verpflichtung, das Grabmal in der von ihm und dem Künstler beabsichtigten Weise ausführen zu lassen.

Julius II starb am 21. Februar 1513. Am 11. März einigte sich das Konklave über die Wahl Giovanni de' Medicis, der als Papst den Namen Leo X annahm. Die Welt begrüßte den jugendlichen Mediceer auf dem Stuhl Petri mit den höchstgespannten Erwartungen. Die Männer der Künste und Wissenschaften verkündeten laut,

Abb. 64. Moses. Marmorne Kolossalfigur am Grabmal Julius' II in S. Pietro in vincoli zu Rom.

daß jetzt „das Zeitalter Minervas“ anbreche. Michelangelo hatte insbesondere allen Grund, das beste zu hoffen. War er doch mit dem jetzigen Papst, der mit ihm in ganz gleichem Alter stand, durch gemeinsame Jugenderinnerungen verbunden; von ihrem vierzehnten bis siebzehnten Lebensjahre waren sie beide Haus- und Tischgenossen gewesen im Palast Lorenzos des Herrlichen.

Nur das eine schien zu befürchten, daß Leo X den ihm so nahe stehenden Künstler alsbald zu eigenen Aufträgen verwenden und ihn so an der Ausführung des Juliusdenkmals verhindern würde. Darum beeilten sich die beiden von Julius II beauftragten Herren im Verein mit Michelangelo, durch einen genau aufgesetzten Vertrag die Denkmalsangelegenheit rechtskräftig zu ordnen. Am 6. Mai **1513** wurde der Vertrag in aller Form abgeschlossen, und so schien es vollkommen sicher gestellt, daß der letzte Wille des verstorbenen Papstes und Michelangelos heißester Wunsch zur Erfüllung kämen. Dem Vertrag, dessen Urschrift im Buonarrotischen Hausarchiv zu Florenz aufbewahrt wird, hat Michelangelo eine Beschreibung von der damals geplanten und durch ein Holzmodell veranschaulichten Gestalt des Grabmals beigefügt. Ein wesentlicher Unterschied gegen den früheren Entwurf war durch eine Veränderung der Absicht hinsichtlich der Aufstellung bedingt. Während das Grabmal früher als ein von allen Seiten gleichmäßig sichtbarer Freibau gedacht war, hatte man sich jetzt zu einer derartigen Aufstellung entschlossen, daß dasselbe nur drei freie Seiten haben, mit der vierten aber an die Wand der Kirche stoßen sollte. Wenn das Werk auf diese Weise eine Schauseite verlor, so sollte es darum doch nichts an Pracht einbüßen. Als Ersatz für den wegfallenden Figurenschmuck der vierten Seite sollte sich oben auf dem Grabgebäude, an die Kirchenwand angelehnt, ein kapellenartiger Aufbau mit Figurenschmuck erheben. Michelangelo

Abb. 65. Allegorie der Klugheit. Federzeichnung in der Sammlung des Uffizienpalastes zu Florenz. Nach einer Originalphotographie von Braun, Clément & Cie. in Dornach i. E. und Paris.)

selbst berichtet, daß das Werk in seiner jetzigen Fassung noch größer werden sollte, als nach dem ersten Plan. Dem entsprach es, daß der Preis von 10 000 Dukaten auf 16 500 erhöht wurde. Die Zeit der Vollendung wurde auf sieben Jahre bemessen. Michelangelos Beschreibung gewährt ein ziemlich deutliches Bild. Der viereckige Unterbau, der in der Frontbreite 20 Palmen (ungefähr 5 Meter), in der Länge von der Vorderfront bis zur Kirchenwand 35 und in der Höhe 14 Palmen messen soll, bildet eine geschlossene Masse, die an jeder ihrer drei freien Seiten über einem ringsum laufenden Sockel durch zwei von Pilastern eingeschlossene Nischen belebt wird. In jede der sechs Nischen kommt eine Gruppe von zwei Figuren, vor jeden der zwölf Pilaster eine einzelne Figur; diese 24 Figuren sind um ungefähr ein Siebentel größer als lebensgroß. In den Flächen zwischen den Tabernakeln — so werden die Nischen mit Einbegriff ihrer architektonischen Umrahmung von Pilastern, Fries, Architrav und Gesims genannt — werden halberhabene Bildwerke angebracht, bezüglich derer die Entscheidung noch aussteht, ob sie in Marmor oder in Erzguß ausgeführt werden sollen. Auf dem Unterbau steht ein von vier Füßen getragener Sarkophag, auf welchem die Figur des Papstes Julius ruht; zu seinen Häupten befinden sich jederseits zwei Figuren; außerdem umgeben sechs sitzende Figuren (über jedem Tabernakel eine) den Sarkophag. Diese elf Figuren bekommen doppelte Lebensgröße. In dem Kapellchen, welches an der Wand über die Figuren des Obergeschosses emporwächst, befinden sich fünf Figuren, die, weil sie vom Auge des Beschauers am weitesten entfernt sind, größer werden als alle übrigen. Die Höhe des Kapellchens, über dessen bauliche Formen die Beschreibung keine Angaben enthält, wird auf 35 Palmen bemessen, so daß die Gesamthöhe des Grabmals ungefähr $12^1/_2$ Meter betragen würde.

Abb. 66. Christus. Marmornes Standbild in S. Maria sopra Minerva zu Rom.
(Nach einer Originalphotographie von Braun, Clément & Cie. in Dornach i. E. und Paris.)

Was die Figuren des Grabmals vorstellen sollten, darüber erfahren wir einiges aus den von Condivi und Vasari aufgezeichneten Beschreibungen des älteren Entwurfs. Von den Figuren des Obergeschosses werden hier sechs namhaft gemacht. An den vier Ecken desselben saßen zwei weibliche und zwei männliche Gestalten, von denen die ersteren das thätige und das beschauliche Leben verbildlichten, die letzteren den Moses und den Apostel Paulus darstellten; diese beiden heldenhaften Männer mochte wohl Julius II selbst als die Vorbilder seiner eigenen Bestrebungen gewählt haben. Unmittelbar am Sarkophag befanden sich zwei Gestalten, welche von Condivi als ein lachender und ein weinender Engel bezeichnet, von Vasari aber näher gekennzeichnet werden als die Verbildlichungen des Himmels und der Erde, von denen diese darüber trauert, einen solchen Mann wie Julius II verloren zu haben, während jener sich über die Aufnahme desselben freut. Über die Figuren am Unterbau erfahren wir, daß an den Wandpfeilern, die als Termini (Hermen) gebildet in bekleidete Büsten endigten, auf deren Köpfen das Abschlußgesims des Unterbaues ruhte, angebundene nackte Gefangene standen. Nach Condivi stellten dieselben die freien Künste vor, „eine jede mit ihrem Kennzeichen, so daß sie leicht daran erkannt werden könnten; dadurch sollte angezeigt sein, daß zugleich mit Papst Julius alle Tüchtigkeiten in den Banden des Todes lägen, da sie nie imstande wären, jemanden zu finden, von dem sie in solchem Maße begünstigt und gefördert würden wie von ihm“. Vasari spricht ebenfalls von dem Vorhandensein der gefesselten Gestalten aller Tüchtigkeiten und erfindenden Künste, aber die Figuren an den Pfeilern bezeichnet er als „alle von diesem Papst unterworfenen und unter die Botmäßigkeit des Kirchenstaats gebrachten Provinzen“. Die Figurenpaare, welche die Nischen füllten, werden von keinem der beiden Schriftsteller ausdrücklich erwähnt. Doch ist es außer Frage, daß Vasari diese Gruppen im Sinne hatte, als er schrieb: „Er (Michelangelo) begann einige nackte Viktorien, welche Gefangene unter sich haben.“ Dem entspricht auch dasjenige, was eine dritte Quelle, eine in der Sammlung der Uffizien bewahrte gezeichnete Skizze vom unteren Teil des Grabmals, über die beabsichtigte Gestalt des Werkes bekundet (Abb. 61). Diese Zeichnung stimmt mit den Beschreibungen überein. Sie zeigt am Unterbau die Nischen zwischen Hermenpfeilern, und an den Pfeilern stehen gefesselte Jünglinge; in den Nischen aber erblickt man Engel, zu deren Füßen niedergeworfene Männergestalten liegen. Über die Bedeutung der verschiedenen sinnbildlichen Figuren am Untergeschoß des Grabmals kann man nach alledem immer noch im Zweifel sein. Gewöhnlich nimmt man an, daß durch die Nischengruppen die weltlichen Siege Julius' II verbildlicht werden sollten; dann würden die Figuren an den Pfeilern, wie Condivi sagt, die in Banden liegenden Künste und Tüchtigkeiten darstellen. Man könnte bei den Siegesengeln auch wohl an die in der mittelalterlichen Kunst beliebte Verbildlichung des Sieges der Tugenden über die Laster denken; dann würde Vasari recht haben, wenn er in den Gefangenen einen Hinweis auf die unterworfenen Provinzen erblickt; aber er würde eines schwer begreiflichen Irrtums zu zeihen sein, wenn er statt von siegenden Tugenden von gefesselten Tugenden oder Tüchtigkeiten (das Wort virtù besagt beides) spräche. Jedenfalls erscheint es uns weniger befremdlich, wenn besiegte Länder, als wenn die trauernden Künste durch gebundene Gefangene dargestellt werden. Von den Kennzeichen, welche Condivi erwähnt, ist in der Skizze nirgendwo etwas zu gewahren. Übrigens ist es ziemlich nebensächlich, welches die ursprüngliche und richtige Deutung dieser Gestalten sein mag. Für Michelangelo waren sie eine Gelegenheit, die tiefste Seelenqual zu schildern; kraftvolle Gestalten, die durch unzerreißbare Bande der Freiheit und der Fähigkeit, Thaten zu vollbringen, beraubt sind, in vielfältiger Abwandelung des gleichen Grundgedankens zu schildern, das war ihm eine Aufgabe, in welche er sich mit grausamer Lust versenkte. Gerade diese Aufgabe reizte ihn am meisten. In demjenigen, was an Zeichnungen und kleinen Wachsmodellen von seinen Vorarbeiten für das Grabmal erhalten ist, stehen Entwürfe für verschiedene der Gefangenen an erster Stelle. Zwei von diesen Figuren waren das erste, was er im großen für das Werk fertig machte, dessen architektonischen Teil er im Sommer 1513 durch den Steinmetzenmeister Antonio del Ponte a Sieve in Angriff nehmen ließ. Jene zwei Figuren, von denen man mit Sicherheit annehmen kann, daß sie im Jahre 1513 entstanden sind, sind die bewunderten beiden Gefangenen oder, wie man sie gewöhnlich nennt, Sklaven, welche sich zu Paris im Museum des Louvre befinden. In der einen dieser Gestalten sehen wir einen Dulder, dessen Widerstandsfähigkeit völlig gebrochen ist. Die Formen dieser in der schönsten Blüte des Jugendreizes prangenden Gestalt verraten eine titanenhafte Kraft. Aber der Jüngling denkt nicht daran, seine Kraft zu gebrauchen; die Schmach der Fesseln — die durch ein über die Brust gespanntes Band und durch einen Reif am linken Handgelenk angedeutet sind — hat ihn gelähmt und betäubt; das Wehgefühl der Hilflosigkeit durchzieht wie Todesschmerz die Gestalt; die Augen haben sich geschlossen, und sterbensmüde sinkt das Haupt zurück, während die rechte Hand nach der Gegend des Herzens greift. Mit Recht gilt diese Figur als die formenschönste von Michelangelos Schöpfungen; sie ist zugleich die ergreifendste in der Empfindung und die meisterhafteste in der Ausführung (Abb. 62). Der andere der beiden Gefangenen ist das gerade Gegenteil von diesem. In ihm kommt das Widerstreben gegen die Fesselung zum Ausdruck; er windet sich und zerrt an den Banden, die ihm die Arme im Rücken zusammenschnüren; die Muskeln sind krampfhaft gespannt, der ganze Körper bebt, und mit einem Blick verzweifelten Schmerzes wendet der Kopf sich aufwärts (Abb. 63).

Abb. 67. Sieger und Besiegter. Unfertige Marmorgruppe (für das Juliusgrabmal bestimmt) im Nationalmuseum zu Florenz.

Ferner führte Michelangelo jetzt eine von den großen sitzenden Figuren aus, welche das Obergeschoß des Grabmals schmücken sollten, und zwar den Moses. In diesem Moses schuf er wieder eine jener urgewaltigen Gestalten, wie wir sie in den Propheten der Sixtinischen Kapelle bewundern. Wir erblicken einen Helden, der von feuriger Thatkraft durchglüht ist; wie er in majestätischer Haltung dasitzt, scheint er nur mühsam die innere Glut zu beherrschen. Am stärksten spricht die Erregung aus den wunderbar schönen Händen, von denen die Rechte sich auf die Gesetzestafeln stützt und zugleich in den wallenden Locken des malerisch weichen Bartes wühlt, und aus dem machtvollen Kopf, über dessen gewölbter Stirn die hervortretenden Strahlen nach altem Herkommen durch kurze Hörner angedeutet sind; ganz treffend gibt Vasari den Eindruck des Kopfes wieder, wenn er sagt, aus dem Antlitz des schrecklichen Fürsten leuchte der göttliche Glanz, den der Herr ihm verliehen, so blendend, daß man ihn bitten möchte, das Tuch zu nehmen und sein Gesicht zu verhüllen. In dem künstlerischen Gegensatz zwischen dem inneren Feuer und der äußerlichen Ruhe der Haltung liegt das Hauptgeheimnis der Wirkung von Michelangelos Moses (Abb. 64). Leider kann der Beschauer bei der Aufstellung, welche die Figur endlich in der Kirche S. Pietro in vincoli gefunden hat, diese Wirkung nur sehr unvollkommen genießen. Denn ein großer Teil von der Absicht des Künstlers, der die Verhältnisse der Gestalt danach bemessen hat, daß sie von einem hohen Standpunkte aus — die Fußlinie vier Meter über dem Boden — auf den Beschauer herabblicken sollte, geht dadurch verloren, daß die Figur zu ebener Erde aufgestellt worden ist; und eine allzu enge Nische bedrückt die auf eine freie Aufstellung berechneten Umrisse der Figur.

Zu den auf das Juliusgrabmal bezüglichen Arbeiten zählt man auch eine in der Sammlung des Uffizienpalastes aufbewahrte Zeichnung, in welcher man den Entwurf zu einem der geplanten Reliefbilder vermutet. Die Zeichnung gibt eine allegorische Darstellung der Klugheit: ein Knabe schmiegt sich an den Schoß der Wahrheit, die als mächtige Frauengestalt mit einem Spiegel dasitzt, und weist die Lüge, die als ein mit Maske und Mantel vermummtes Kind auf ihn zutritt, zurück (Abb. 65).

Ungeachtet des Eifers, mit welchem Michelangelo seine ganze Kraft dem Grabmal widmete, nahm das Werk nicht einen derartigen Fortgang, daß sich die baldige Vollendung desselben erwarten ließ. Vielleicht war dieses der Grund, daß die Testamentsvollstrecker des Papstes Julius sich zu einer erheblichen Verkleinerung des Grabmals entschlossen. Michelangelo willigte, anscheinend ohne Widerstreben, ein. Das Grabmal sollte immerhin noch in sehr stattlicher Gestalt ausgeführt werden, wie sich aus der dem neuen Vertrag, der am 8. Juli 1516 abgeschlossen wurde, beigefügten Beschreibung ergibt. Die Verkleinerung des Ganzen sollte in einer Verringerung der Tiefe bestehen, so daß der Unterbau, dessen Gliederung durch Pilaster und Nischen, dem schon begonnenen Figurenschmuck entsprechend, beibehalten wurde, an den Seitenwänden nur je eine Nische bekäme. Die Vorderfront sollte auf das Maß von elf Ellen verbreitert werden; die Verbreiterung war dadurch geboten, daß bei der jetzigen Anordnung, welche die früheren Langseiten zu Schmalseiten machte, der Sarkophag so aufgestellt werden mußte, daß er anstatt des Fußendes eine seiner Langseiten nach vorn kehrte.

Der architektonische Aufbau des Obergeschosses sollte in Breite und Tiefe dem Untergeschoß gleich werden, die sitzenden Kolossalfiguren, deren Zahl, der Verringerung der Nischenzahl am Unterbau entsprechend, von sechs auf vier beschränkt wurde, sollten nicht mehr vor der Architektur, sondern im Rahmen derselben aufgestellt werden; in der Tiefe des Oberbaues, in einer Art von Tribuna, sollte das Bild des Papstes mit zwei Nebenfiguren Platz finden. Auf der Bekrönung des Ganzen sollte sich ein großes Madonnenbild erheben. Die Frist der Fertigstellung wurde bis zum Jahre 1525 verlängert. Michelangelo bekam für diese Zeit ein Haus in Rom zur Verfügung gestellt, und es wurde ihm die Freiheit gewährt, nach seinem Belieben in Rom, Florenz oder Carrara an dem Werk zu arbeiten; dafür aber verpflichtete er sich, kein anderes bedeutendes Werk vor Vollendung des Grabmals zu übernehmen.

Es war nicht Michelangelos Schuld, daß er dieser Verpflichtung nicht treu bleiben konnte. Er mußte sich dem Willen eines Mächtigeren unterwerfen. Im Spätherbst 1516 erhielt Michelangelo in Carrara, wo er verweilte, um Marmorblöcke auszuwählen, und wo ihn im November die Nachricht von einer lebensgefährlichen — aber bald nachher glücklich überwundenen — Erkrankung seines Vaters in schwere Aufregung versetzte, von Papst Leo X den Befehl, zu ihm nach Rom zu kommen zum Zwecke einer Besprechung über den Bau der Fassade der S. Lorenzokirche zu Florenz.

Leo X war der erste Mediceer und der erste Florentiner, der zur päpstlichen Würde gelangte. Als er am 30. November 1515 bei Gelegenheit seiner Reise nach Bologna, wo er mit dem König von Frankreich zusammenkam, die Vaterstadt besuchte, entfaltete er bei seinem Einzug allen Glanz des geistlichen und weltlichen Herschers, und voll Stolz bereitete die Stadt ihrem so hoch gestiegenen Sohn einen Empfang von unerhörter Pracht. Der Papst besuchte in der Kirche S. Lorenzo, die einer seiner Vorfahren hatte erbauen lassen und welche die Pfarr- und Begräbniskirche seines Hauses war, das Grab seines Vaters. Dieser Kirche fehlte eine stattliche Schauseite, und es lag nahe, daß jetzt dem Papst der Gedanke kam, diesen Mangel zu beseitigen und zur Ehre seiner Familie und zum Schmucke seiner Vaterstadt hier ein großartiges Denkmal seiner Kunstliebe zu errichten. Nachdem Leo X diesen Entschluß gefaßt hatte, ließ er sich von mehreren der angesehensten Baukünstler Entwürfe für die Fassade von S. Lorenzo einreichen; aber er wurde von

Abb. 68. Entwurf zu einem Mediceergrab. Zeichnung in der Albertina zu Wien.
(Nach einer Originalphotographie von Braun, Clément & Cie. in Dornach i. E. und Paris.)

keinem derselben befriedigt, sondern bestimmte, daß Michelangelo dieses Bauwerk ausführen sollte. Michelangelo leistete allen Widerstand, der ihm möglich war. Die Kardinäle Pucci und della Rovere versuchten dem Papst gegenüber ihre Ansprüche an die Thätigkeit des Künstlers geltend zu machen; aber sie ließen sich durch die Zusage Leos, daß Michelangelo zwischendurch in Florenz an den Grabmalfiguren sollte arbeiten dürfen, vorläufig beruhigen. Da ließ Michelangelo unter Thränen, wie seine beiden Lebensbeschreiber berichten, von dem Werke ab, dem er seine ganze Liebe gewidmet hatte, und übernahm den Bau der Fassade von S. Lorenzo.

Dieses Unternehmen war unter den großen Enttäuschungen, welche ihm das Leben verbitterten, eine der schwersten: es endigte nach vier Jahren ohne jedes Ergebnis. Michelangelo dachte sich die Fassade als einen mächtigen, ganz aus weißem Marmor herzustellenden Bau; derselbe sollte unten mit einer Säulenhalle beginnen, sich dann in mehreren Geschossen erheben und oben mit einem Giebel abschließen; das Bauwerk sollte mit einer Menge von überlebensgroßen Marmorbildern und mehreren Erzfiguren, so wie mit einer Anzahl stark erhabener Reliefstafeln von verschiedener Gestalt und am Giebel mit dem Wappen der Mediceer geschmückt werden. Eine solche Aufgabe hätte den Meister wohl für die Zurückstellung des Juliusgrabmals entschädigen können. Im Beginn des Jahres 1517 war Michelangelo schon in Carrara damit beschäftigt, Marmorblöcke für die Fassade zurechthauen zu lassen. Es ist bezeichnend für seine Art und Weise des Schaffens, daß er das Ganze schon so fertig vor Augen hatte, daß er die Maße der Einzelteile bestimmen konnte, ehe noch ein ausführliches Modell vorhanden war; und bezeichnend für seine Zuversichtlichkeit, daß er die Arbeit im großen begann, ehe noch ein Vertrag die Bedingungen derselben festgesetzt hatte. Mit der Anfertigung eines Holzmodells nach seinen Zeichnungen hatte er den Architekten Baccio d'Agnolo und den Bildhauer Jacopo Sansovino beauftragt. Als ihm aber im März das Modell gezeigt wurde, verwarf er dasselbe als „Kinderwerk". Die Mitwirkung anderer Künstler bei seiner Arbeit sagte ihm überhaupt nicht zu. Im Mai übermittelte er dem Papst und dessen Vetter, dem Kardinal Giulio de' Medici, welcher als Erzbischof von Florenz bei der Angelegenheit beteiligt war, eine Erklärung des Inhalts, daß er den Mut in sich fühle, in der Fassade von S. Lorenzo ein Werk zu schaffen, das hinsichtlich der Baukunst und der Bildhauerkunst für ganz Italien ein Musterbild sein sollte; aber Bedingung sei, daß der Papst und der Kardinal sich rasch entschlössen, ob er es machen sollte oder nicht, und sie müßten ihm die Arbeit verdingen und sich in jeder Beziehung ganz auf ihn verlassen; wenn seine Vorschläge nicht gefielen, so wolle er die schon gehabten Auslagen auf seine Rechnung nehmen und einen Betrag von 1000 Dukaten, den er als Anzahlung bekommen, dem Papst zurückgeben. Darauf bekam er umgehend die Antwort, daß der Papst und der Kardinal mit seinen Vorschlägen sehr einverstanden seien; nur wünschte der Papst ein Modell des Baues zu sehen. Michelangelo hatte in Carrara schon eigenhändig ein Modell aus Thon angefertigt; aber dieses war zu schnell getrocknet und brüchig geworden, so daß er es dem Papst nicht schicken konnte. Darum begab er sich nach Florenz und ließ unter seiner eigenen Leitung ein Holzmodell herstellen, an welchem er den Figurenschmuck in Wachs ausarbeitete. Als dieses Modell in Rom ankam, fand es bei dem Papst und bei dem Kardinal die vollste Bewunderung. Wohl erregte der Umfang, den der Fassadenbau nach Michelangelos Absicht annehmen sollte, einiges Bedenken; aber als der Meister auf Ersuchen des Papstes im Beginn des Jahres 1518 selbst nach Rom kam, schwanden vor dem Eindruck, den seine Begeisterung für das Werk hervorrief, alle Bedenken. Am 19. Januar wurde der Vertrag unterzeichnet, wonach die Fassade ganz so prächtig, wie der Meister sie sich gedacht hatte, ausgeführt werden sollte.

Die Grundmauern des Fassadenbaues hatte Michelangelo schon im Jahre zuvor legen lassen. Aber darüber hinaus gedieh das Werk auch nicht. Die Beschaffung des Marmors verursachte eine endlose Reihe von Verdrießlichkeiten. Der Papst und der Kardinal Medici wünschten, in Übereinstimmung mit der Regierung von Florenz, die Marmorberge von Serravezza im Gebiet der seit 1482 zum florentinischen Staat gehörigen Stadt Pietrasanta nutzbar zu machen. Michelangelo sollte zwar die Steine für die Fassade nach seinem Gutdünken aus Carrara oder aus Pietrasanta beschaffen dürfen; aber eine Bevorzugung der florentinischen Marmorbrüche wurde mit großer Entschiedenheit gewünscht; der Kardinal sprach letzteres sehr deutlich in einem Brief an Michelangelo aus, worin er diesem sogar vorwarf, daß er aus eigennützigen Gründen dem Papst zu trotzen und den Marmor von Carrara demjenigen von Pietrasanta vorzuziehen schiene. Die Carraresen andererseits ließen Michelangelo ihren Verdruß darüber, daß sie durch die neu zu erschließenden Steinbrüche einen Teil ihres Verdienstes verlieren sollten, bitter empfinden. Sie weigerten sich, die früher eingegangenen Verträge ihrer Lieferung und Verschiffung von Marmor zu halten. Michelangelo sah sich gezwungen, bis nach Genua zu gehen, um Frachtschiffe zur Verladung der bereits zugehauenen Marmorblöcke zu mieten. Aber in Carrara wurden die Führer dieser Schiffe bestochen, daß sie die Verladung unterließen. Nicht besser erging es ihm, als er andere Schiffe aus Pisa kommen ließ. So blieb ihm nichts anderes übrig, als sich nach Pietrasanta zu wenden. Natürlich entstand ein ungeheurer Zeitverlust dadurch, daß an die Stelle von Marmorbrüchen, welche sich in wohlgeordnetem Betrieb befanden, solche traten, die erst erschlossen werden mußten. Sogar die Straße zur Beförderung des Marmors aus den Bergen von Serravezza zum Meer mußte Michelangelo mit großer Mühe bauen lassen. Dabei hatte er obendrein noch Ärgerlichkeiten mit den Florentiner Behörden, welche Abgaben von den neuen Marmorbrüchen erheben und die Fahrstraße nach ihren, nicht nach Michelangelos Anordnungen angelegt wissen wollten. Diesen Ansprüchen gegenüber behauptete er allerdings die Oberhand. Aber damit hörten die Schwierigkeiten nicht auf. Die Steinarbeiter aus Settignano, welche Michelangelo hatte nach Serravezza kommen lassen, verstanden sich nicht auf die Behandlung des Marmors, und Michelangelo hatte allen Grund, sich über die verlorene Zeit und das weggeworfene Geld auf das bitterste zu beklagen. Als endlich eine Säule fertig zugehauen war, stürzte sie beim Herablassen infolge des Zerspringens eines schlecht gearbeiteten eisernen Reifens und zersprang in hundert Stücke, so daß Michelangelo durch die umherfliegenden Splitter in große Lebensgefahr geriet. Von fünf Säulen, die nach Florenz geschickt wurden, zerbrachen vier unterwegs. Im Frühjahr 1519 war endlich die Sache so weit in Gang gebracht, daß der Meister in Florenz mit den Bildhauerarbeiten für die Fassade beginnen zu können glaubte. Aber nun geriet er in Uneinigkeit mit dem Kardinal Medici. Dieser beklagte sich darüber, daß das Unternehmen nicht vorwärts kam, er fing an, bösen Zungen Gehör zu schenken, welche sagten, daß Michelangelo selbst daran schuld sei; und der letztere geriet in Zorn darüber, daß der Kardinal in Nichtachtung der Verträge, welche die Marmorbrüche von Pietrasanta zur ausschließlichen Verfügung Michelangelos stellten, fremde Arbeiter dorthin

Abb. 69. Drei Männer, welche einen Toten tragen. Rötelzeichnung in der Sammlung des Louvre zu Paris. (Nach einer Originalphotographie von Braun, Clément & Cie. in Dornach i. E. und Paris.)

Abb. 70. Apollo. Marmorstandbild im Nationalmuseum zu Florenz.
(Nach einer Originalphotographie von Braun, Clément & Cie. in Dornach i. E. und Paris.)

schickte, um Steine für einen neuen Fußbodenbelag des Florentiner Doms zu brechen. Das Ende der Auseinandersetzung war, daß der Kardinal sich erbot, Michelangelo von allen seinen Verpflichtungen dem Papst gegenüber zu befreien, und daß Michelangelo sich bereit erklärte, den Auftrag in die Hände des Papstes zurückzugeben. So geschah es. Papst Leo erklärte, wie eine eigenhändige Aufzeichnung Michelangelos vom 10. März 1520, die im Buonarrotischen Hausarchiv aufbewahrt wird, berichtet, alle bisher für die Fassade von S. Lorenzo gemachten Ausgaben als durch Michelangelos Straßenbau in Pietrasanta und das Brechen und Zurechthauen von Marmorblöcken daselbst ausgeglichen; er sprach seine Zufriedenheit mit Michelangelo aus und erklärte denselben für frei und ledig von allen ihm gegenüber bis zum genannten Tage eingegangenen Verbindlichkeiten, so daß derselbe niemandem Rechenschaft schuldig sein sollte über irgend etwas, das er mit ihm oder mit anderen für seine Rechnung zu thun gehabt hätte.

Michelangelo befürchtete, die Kränkung erleben zu müssen, daß der Papst jetzt den Bau der Lorenzofassade einem anderen übertragen würde. Aber das blieb ihm erspart. Leo X verzichtete auf die Ausführung des so großartig beabsichtigten Werkes; die Geldverlegenheiten, in welche der lombardische Krieg ihn brachte, mochten ihm den Verzicht erleichtern.

Es ist bezeichnend für den Schaffensmut Michelangelos, daß er über all den Unannehmlichkeiten, welche er mit der geplanten Lorenzofassade hatte, noch an neue Unternehmungen denken konnte.

Als die Florentiner Akademie im Oktober 1519 eine Bittschrift an den Papst richtete, derselbe möge die Übertragung der Gebeine Dantes in seine Vaterstadt gestatten, fügte Michelangelo seiner Unterschrift die Worte bei: „Ich erbiete mich, dem göttlichen Dichter das Grabmal herzustellen, wie es seiner würdig ist, an einem ehrenvollen Platze in dieser Stadt.“ — Auf auswärtige Anerbietungen und Bestellungen dagegen, deren mancherlei kamen, ging er nicht ein, mochten sie auch so ehrenvoll sein, wie diejenige des Königs von Frankreich, der ihn inständig um irgend eine Sache von seiner Hand, wenn es auch nur eine Kleinigkeit wäre, bitten ließ. Den Mediceern konnte er es freilich nicht abschlagen, wenn sie seine Kraft durch unbedeutende, aber zeitraubende kleine Arbeiten in Anspruch nahmen, wie durch Entwürfe zu Fenstern am Palast und zu Fensterläden aus durchbrochenem Erz.

Als der Fassadenbau aufgegeben war, entledigte sich Michelangelo alsbald einer alten Verpflichtung. Im Jahre 1514 hatte er für mehrere römische Herren die Anfertigung eines lebensgroßen Christusbildes für die Kirche S. Maria sopra Minerva übernommen, welches den auferstandenen Heiland unbekleidet, aufrechtstehend, mit dem Kreuz im Arm, darstellen sollte. Er hatte gleich damals in Rom das Standbild begonnen; aber er mußte die angefangene Figur aufgeben, weil gerade im Gesicht derselben eine entstellende dunkle Marmorader zu Tage trat. Jetzt machte er diese Figur zum zweitenmal. Im Sommer 1521 schickte er sie nach Rom; sein Gehilfe Pietro Urbano, der das Standbild begleitete, sollte dasselbe aufstellen und die offenbar aus Rücksicht auf die Gefahr der Beschädigung beim Transport unfertig gelassenen äußersten Teile, die Finger, die Zehen nnd den Bart ausarbeiten. Über die Arbeit des Urbano bekam Michelangelo so ungünstige Nachrichten, daß er sich dem Hauptbesteller, Metello Vari, gegenüber erbot, das Standbild zum drittenmal zu machen. Aber das wies dieser, der dem Meister schon unendlich dankbar war, daß er ihm jene erste, verworfene Figur zur Aufstellung in seiner Wohnung überlassen hatte, mit den schmeichelhaftesten Ausdrücken zurück: „Ihr zeigt," schrieb er ihm, „Euren großen Sinn und Eure Hochherzigkeit, indem Ihr für ein Werk, das in der Welt nicht besser gemacht werden kann und das nicht seinesgleichen hat, mir ein noch besseres liefern wollt." Als Beweis seiner besonderen Dankbarkeit schenkte er dem Künstler ein Reitpferd. — Michelangelos Christus, der mit der Rechten das Kreuz umfaßt, mit der Linken den Essigschwamm und die Stange hält und mit gewendetem Haupt ernst und traurig auf den Beschauer herabblickt, steht auf einem viel zu niedrigen Untersatz und

Abb. 71. Skizze zur Mediceischen Madonna. Federzeichnung in der Albertina zu Wien.
(Nach einer Originalphotographie von Braun, Clément & Cie. in Dornach i. E. und Paris.)

in sehr schlechter Beleuchtung in der Kirche S. Maria sopra Minerva zu Rom (Abb. 66). Daß eine spätere Zeit, welche die unbefangene Begeisterung der Renaissance für die Schönheit der Menschengestalt nicht mehr teilte, an der völligen Nacktheit der Figur Anstoß nahm, ist begreiflich; leider aber ist das bronzene Lendentuch, womit man dieselbe bekleidete, sehr ungeschickt angeordnet: es liegt zu tief, so daß es den schon durch die niedrige Aufstellung hervorgerufenen Eindruck, als ob die Beine gegen den Oberkörper zu kurz wären, in empfindlicher Weise verstärkt. Einen wie tiefen Eindruck das Bild aber auf die Gemüter der Andächtigen ausübte, das bekundet eine andere Zuthat: der vortretende rechte Fuß der Figur mußte durch einen Bronzeschuh gegen die inbrünstigen Küsse der Beter geschützt werden.

Durch das Aufgeben des Baues der Lorenzofassade glaubte Michelangelo sich in

Abb. 72. Skizze der Mediceischen Madonna, mit der Ausführung übereinstimmend, also nach derselben gezeichnet. Federzeichnung in der Sammlung des Louvre zu Paris.
(Nach einer Originalphotographie von Braun, Clément & Cie. in Dornach i. E. und Paris.)

die Lage versetzt, sich endlich wieder dem Juliusdenkmal widmen zu können. Mehrere in Florenz verbliebene Bestandteile dieses Werkes bezeugen den Eifer, mit dem er die Thätigkeit hierfür wieder aufnahm. Aber der unfertige Zustand dieser Arbeiten bekundet, daß er sie jählings liegen lassen mußte. Es sind vier Figuren von Gefangenen, die in einer Grotte im Boboligarten aufgestellt sind, und eine der für die Nischen bestimmten Siegesgruppen, welche sich im Nationalmuseum befindet. An der letzteren Gruppe sieht man, ungeachtet der Unvollständigkeit ihrer Ausführung und trotz der Einbuße, welche der Eindruck des Ganzen durch das Fehlen der Flügel des Siegesengels erleidet, zu welchen mächtigen Schöpfungen diese Zusammenstellungen von Siegern und Besiegten dem Meister Anlaß gegeben haben würden (Abb. 67). Im Herbst 1520 starb der Kardinal della Rovere, und es schien angezeigt, daß Michelangelo sich nach Rom begäbe, um die Denkmalsangelegenheit von neuem zu ordnen. In einem hierauf und auf andere Gründe zur Rückkehr nach Rom bezüglichen Briefe, den sein Freund und Nachahmer, der Maler Sebastiano del Piombo, ihm am 9. November 1520 schrieb, kommt eine Stelle vor, die für das Verhältnis des Papstes Leo zu Michelangelo bezeichnend ist: „Ihr würdet," heißt es da, „alles erlangen, was Ihr wolltet; denn ich weiß, in welchem Ansehen der Papst Euch hält; wenn er von Euch spricht, scheint es, als ob er über einen Bruder rede, fast mit Thränen in den Augen; er hat mir gesagt, daß Ihr ja zusammen aufgezogen seid, und er zeigt, daß er Euch kennt und liebt: aber Ihr flößt jedermann Furcht ein, selbst den Päpsten." Zu dem Schlußsatz paßt eine Äußerung des Papstes, welche er demselben Sebastiano gegenüber that; er hatte über Michelangelos Verdienste in der Malerei und über den Einfluß, den seine Schöpfungen auf andere Maler ausübten, gesprochen und schloß dieses Gespräch mit den Worten: „Aber er ist schrecklich (terribile), und man kann nicht mit ihm verkehren."

Leo X starb am 1. Dezember 1521. Ihm folgte der Holländer Adrian VI, ein sehr frommer und kirchlich gesinnter Mann, der sich aber um Künste und Wissenschaften so wenig kümmerte, wie um die Politik, und der darum den Römern nie für etwas anderes galt als für einen Barbaren. Zu diesem Papst, der in der Sixtinischen Kapelle nur „eine Stube voll nackter Leute" sah, trat Michelangelo in keine Beziehungen. Während der kurzen Regierung desselben quälte sich der Meister in Florenz mit den Arbeiten für das Juliusgrabmal ab; aber seine Begeisterung für dieses Werk — die Tragödie seines Lebens, wie Condivi sagt — war durch die fortwährenden Unterbrechungen erkaltet, und die körperlichen Kräfte ließen ihn mit der geistigen Spannkraft im Stich. Der Bitte des kunstliebenden Kardinals Grimani gegenüber, der ein kleines Bild nach Michelangelos freier Wahl — einerlei ob gemalt, gegossen oder gemeißelt — von ihm zu haben wünschte, entschuldigte er sich (im Sommer 1523) mit der Klage, daß er alt und in schlechter Stimmung sei; wenn er einen Tag gearbeitet habe, müsse er vier Tage ruhen. Diese Unfähigkeit zu frischem Schaffen mußte ihn um so schwerer bedrücken, als sich neben den Arbeiten für jenes unglückliche Grabmal die Vorbereitungen für eine neue große Aufgabe einherschleppten.

Noch bei Lebzeiten Leos X hatte der Kardinal Giulio de' Medici den Plan gefaßt, an die Lorenzokirche eine Grabkapelle seines Hauses anzubauen. Schon im November 1520 schrieb er an Michelangelo, daß der von diesem aufgezeichnete Entwurf der Kapelle seinen Beifall habe. Im April 1521 finden wir Michelangelo in Carrara, um Marmorblöcke für dieses Unternehmen anzuschaffen; im Laufe des Jahres wird die Sache zu wiederholten Malen mit dem Kardinal besprochen, der den Künstler bald ungnädig, bald als seinen lieben Freund behandelt. Ernstlich betrieben wurde aber die Angelegenheit erst, als Giulio de' Medici am 10. November 1523 als Clemens VII den päpstlichen Thron bestieg. Michelangelo wurde von neuer Hoffnungsfreudigkeit erfüllt, da er abermals einen Mediceer und einen Jugendfreund auf dem Stuhle Petri begrüßte. In der That schienen die Dinge sich gut anzulassen. Dem neuen Papst lag es sehr am Herzen, daß Michelangelos Kunst seinen Namen verherrliche, und er wendete dem Künstler das größte Wohlwollen zu. Zunächst sorgte er dafür, daß den Geldverlegenheiten gesteuert würde, die so häufig die Thätigkeit Michelangelos lähmten; er dachte daran, ihm durch eine geistliche Pfründe eine dauernde Versorgung zu verschaffen, und als der Meister sich weigerte, durch Empfang der niederen Weihen in den geistlichen Stand zu treten, zwang er ihm ein Gehalt von 50 Dukaten monatlich auf. Michelangelo sträubte sich gegen diese Besoldung, weil er sich fortwährend mit dem Gedanken quälte, daß er durch die Übernahme der neuen Verpflichtungen ein Unrecht gegen die Erben Julius' II begehe. Aber auch in dieser Hinsicht wurde er beruhigt. „Ihr habt," wurde ihm am 24. März 1524 aus Rom von einem dem Papste nahestehenden Mann geschrieben, „viele Feinde, die von Euch sagen, was sie nur

Abb. 73. Die Mediceische Madonna. Marmorbild in der Grabkapelle der Mediceer in S. Lorenzo zu Florenz.
(Nach einer Originalphotographie von Braun, Clément & Cie. in Dornach i. E. und Paris.)

Abb. 74. Grabmal des Giuliano de' Medici in S. Lorenzo zu Florenz.
(Nach einer Originalphotographie von Braun, Clément & Cie. in Dornach i. E. und Paris.)

können, aber Ihr habt einen Papst zum Freunde ...., und nichts soll Euch fehlen, besonders im Punkt der Ehre; überlaßt Eure Sache mit dem Grabmal (des Papstes Julius) dem, der Euch wohl will und der Euch so frei machen kann, daß Ihr Euch um nichts zu bekümmern braucht, und denkt nur daran, den Auftrag des Papstes nicht außer Augen zu lassen — lieber sterben! Und nehmt Euer Gehalt an, das Euch gern gegeben wird.“ Der Kardinal Pucci ließ Michelangelo schreiben, daß er sich allen Wünschen desselben hinsichtlich des Grabmals füge, selbst wenn er bestimme, daß es durch andere Hände fertig gemacht werden solle. Und der nächste lebende Verwandte Julius' II, Francesco Maria della Rovere, Herzog von Urbino, wagte nicht, dem bestimmten Willen des neuen Papstes zu widersprechen. So konnte Michelangelo seine ganze Kraft den Mediceergräbern widmen.

Der Bau der Grabkapelle, die gegenüber der von Brunellesco erbauten Sakristei an die Kirche angelehnt und im Gegensatz zu dieser gewöhnlich als die neue Sakristei bezeichnet wurde, ging schnell von statten. Das Gebäude bekam äußerlich eine ganz einfache Gestalt; die Hauptsache sollte seine innere Ausstattung mit prächtigen Grabmälern werden. Im Februar 1524 war das Gewölbe des Gebäudes geschlossen. Bald nachher konnte Michelangelo in einem an den Papst persönlich gerichteten Briefe, in welchem er gegen die Zulassung der Mitarbeit anderer Künstler Verwahrung einlegte, mitteilen, daß die Laterne der Kuppel fertig sei. Bei deren Enthüllung gab er auf die Frage, warum er dieselbe der von Brunellesco erbauten Laterne auf der alten

Abb. 75. Grabmal des Lorenzo de' Medici in S. Lorenzo zu Florenz.
(Nach einer Originalphotographie von Braun, Clément & Cie. in Dornach i. E. und Paris.)

Sakristei ganz gleich habe machen lassen, die treffende Antwort: „Man kann sie wohl anders machen, besser aber nicht.“ Am 12. Januar 1524 fing Michelangelo an, mit einem Schreiner die Holzmodelle für die Grabmäler herzustellen, zu denen er die Figuren in Thon skizzierte. Nun vergingen aber wieder mehrere Jahre, ohne daß die Arbeit an den Grabmälern selbst recht in Fluß kommen konnte. Der Papst zersplitterte die Kraft des Meisters durch eine Menge von Zwischenaufträgen, so daß dieser allen Grund hatte zu der Klage: „Man kann nicht mit den Händen an der einen Sache arbeiten und mit dem Gehirn an einer anderen.“ Da war zuerst eine Aufgabe, die dem Wesen Michelangelos fern lag, weil andere als künstlerische Gesichtspunkte bei ihr maßgebend sein mußten: die Errichtung eines Gebäudes neben der Kirche zur Aufnahme der berühmten Mediceischen Büchersammlung. Dann mußte Michelangelo einen Reliquienbehälter für die S. Lorenzokirche entwerfen. Ein anderes Mal sollte er über einen neben dem Garten des Medicipalastes zu errichtenden Riesen von 40 Ellen Höhe nachdenken; was Michelangelo im Oktober 1525 über diesen Riesen aufgeschrieben hat, kann freilich nur als eine Verspottung des wunderlichen Gedankens aufgefaßt werden. Störender noch als die Zwischenarbeiten, von denen allerdings der Bau der Bibliothek und deren Einrichtung den Meister längere Zeit aufhielt, war der öftere Meinungswechsel des Papstes hinsichtlich der Grabmäler selbst, infolgedessen fortwährend neue Entwürfe angefertigt werden mußten. Die Berichte hierüber werden durch eine Anzahl erhaltener Skizzen — wenn auch dieselben nicht alle von

Michelangelos eigener Hand herrühren — ergänzt. Ursprünglich sollten vier freistehende Grabmäler in der Kapelle Platz finden, zur Aufnahme der Gebeine Lorenzos des Herrlichen, seines ermordeten Bruders Giuliano und seiner beiden kürzlich verstorbenen Nachkommen; die letzteren waren Leo X hier Grabmäler errichtet werden sollten, obgleich es gebräuchlich war, daß die Päpste in Rom beigesetzt wurden. Da aber in der Kapelle kein Raum für sechs Grabmäler war, so sollte nur jeder der beiden Päpste eines für sich bekommen, den beiden „Magnifici“ aber, den Vätern der Päpste,

Abb. 76. Die Nacht. Marmorfigur am Grabmal des Giuliano de' Medici in Florenz.

sein jüngster Sohn Giuliano, Herzog von Nemours († 1516), und sein Enkel, Pietros Sohn, Lorenzo der Jüngere, der den Titel eines Herzogs von Urbino führte († 1519). Die bescheidenen Raumverhältnisse der Kapelle ließen die Aufstellung der vier Freibauten als zu beengend erscheinen, und so wurde beschlossen, daß an jeder der vier Wände eins der Grabmäler angebracht werden sollte. Im Jahre 1524 kam Clemens VII auf den Gedanken, daß auch für ihn und einerseits und den beiden jüngeren Familienmitgliedern andererseits je ein Doppelgrabmal (Abb. 68) gewidmet werden. Zwei Jahre später aber waren nicht nur die Grabmäler der Päpste, sondern auch diejenigen ihrer Väter ausgeschieden; es war jetzt nur noch von den Gräbern der beiden Herzöge die Rede. Der Figurenschmuck der Grabmäler ist in den verschiedenen Skizzen verschieden angeben. Gegen Ende des Jahres 1525 bestand aber auch in dieser Hinsicht keine

Ungewißheit mehr. So bewegte die Sache sich endlich in ebenem Geleise. Am 23. Dezember 1525 fügte der Papst einem Brief seines Sekretärs an Michelangelo eigenhändig die Worte bei: „Du weißt, daß die Päpste nicht lange leben, und Wir können nicht stärker, als es der Fall ist, wünschen, zu sehen oder wenigstens zu hören, daß die Kapelle mit den Gräbern der Unsrigen und die Bibliothek fertig werden; deswegen empfehlen Wir Dir die eine und die andere Sache; und inzwischen fassen Wir Uns, wie Du ja sagst, mit einer guten Geduld, und Wir bitten Gott, daß er Dir es ins Herz lege, alles zusammen zu fördern; und zweifle nicht daran, daß es Dir weder an Arbeiten noch an Belohnung fehlen werde, solange Wir das Leben behalten. Und bleibe mit dem Segen Gottes und dem Unsrigen. Julius."

Im April 1526 berichtete Michelangelo nach Rom, daß die Maurerarbeit an dem einen Grab vollendet sei und daß in der nächsten Woche diejenige an dem anderen begonnen werden sollte; gleichzeitig damit könnte die Stuckarbeit an der Wölbung der Kapelle ausgeführt werden, zu welchem Zwecke Giovan da Udine aus Rom kommen sollte; er selbst habe von den elf Figuren, welche er eigenhändig auszuführen wünsche, sechs bereits angefangen, und er fühle sich wohl imstande, die sämtlichen Figuren rechtzeitig fertig zu machen oder doch nur Unwesentliches daran anderen Händen zur Ausführung zu überlassen.

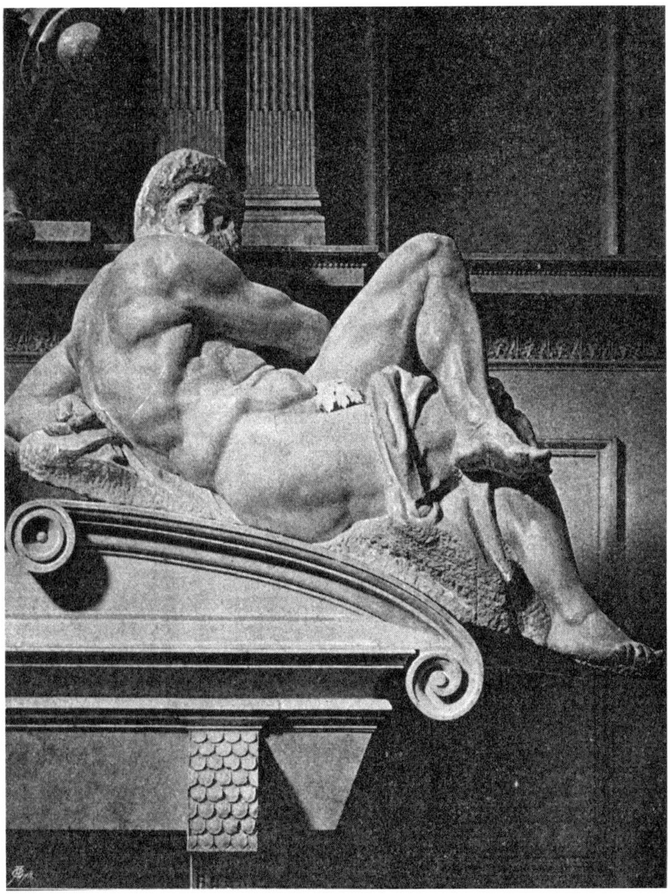

Abb. 77. Der Tag. Marmorfigur am Grabmal des Giuliano de' Medici in Florenz.

Das einzige, was Michelangelo jetzt bedrückte, war der Gedanke an das Julius-

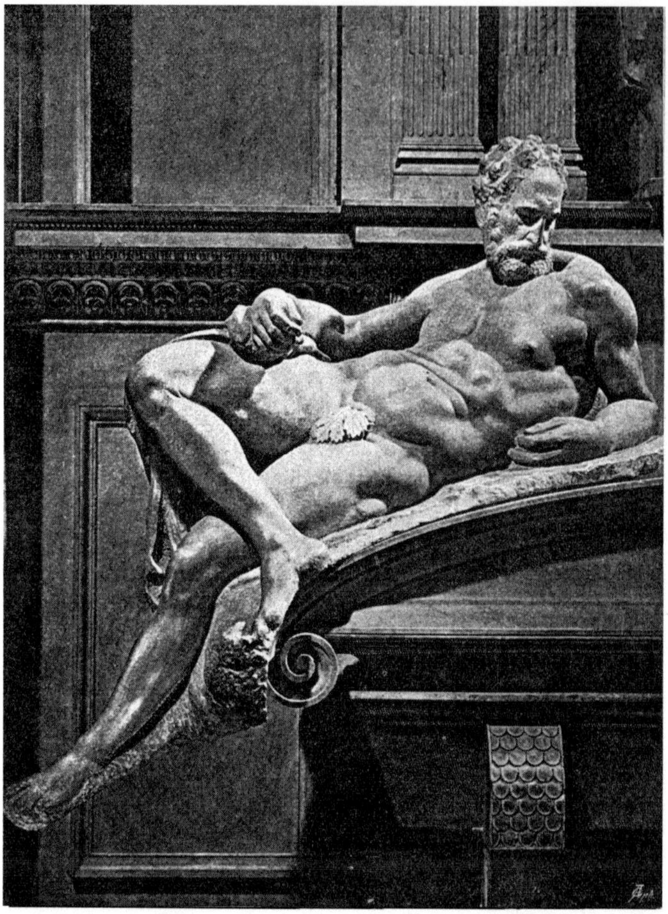

Abb. 78. Der Abend. Marmorfigur am Grabmal des Lorenzo de' Medici in Florenz.

grabmal. Im Laufe von mehr als zwanzig Jahren hatte dieses Gespenst sein Aussehen verändert. Während es einst so lockend vor des Künstlers Augen gestanden hatte, daß er jede Arbeit, die sich zwischen ihn und dieses Traumbild stellte, als eine Qual empfand, so erschien es ihm jetzt nur drohend und schreckend. Michelangelo fühlte gar nicht mehr die Kraft in sich, das mit so heißer Begeisterung begonnene Werk zu vollenden. Nicht mehr der Wunsch des Herzens, sondern das Pflichtgefühl hielt ihn an dasselbe gefesselt.

Der Herzog von Urbino verharrte nicht lange in der Geduld, die er im Anfang der Regierung Clemens' VII zu zeigen schien. Die Frist, binnen deren das Grabmal hätte vollendet sein sollen, war abgelaufen, und von Adrian VI hatten die Erben Julius' II sich die Erlaubnis ausgewirkt, gerichtlich gegen Michelangelo vorzugehen. Aber Michelangelo wollte nicht prozessieren. „Ich nehme an, ich hätte prozessiert und verloren," schrieb er im April 1525, „und müßte Schadenersatz leisten. Wenn daher der Papst mir helfen will, was mir die größte Freude wäre, da ich wegen Alters oder schlechten körperlichen Befindens das Juliusgrab zu vollenden nicht imstande bin, so kann er als Mittelsmann den Willen aussprechen, daß ich zurückerstatte, was ich bekommen habe, um dasselbe zu machen; so daß ich aus dieser Sache herauskomme und daß die Verwandten des Papstes Julius mit dem zurückerstatteten Geld es machen lassen können nach ihrem Gefallen und von wem sie wollen .... Und ich werde imstande sein, an die Sachen des Papstes zu

Abb. 79. Der Morgen. Marmorfigur am Grabmal des Lorenzo de' Medici in Florenz.

denken und zu arbeiten: denn auf diese Weise lebe ich nicht, geschweige daß ich arbeite .... Es läßt sich mit Liebe machen, ohne zu prozessieren ...." Michelangelo wünschte nur, daß bei der Abrechnung die Zeit mit in Betracht gezogen werde, die er an anderen Dingen im Dienste Julius' II verloren habe, wie bei dem Aufenthalt in Bologna. Einige Monate später schrieb er nochmals, daß er Ersatz leisten wolle; aber nur Geld, keine Arbeit dürfe man von ihm verlangen; denn er fühle sich zu alt, um hoffen zu können, daß er noch etwas anderes als dasjenige, was er für Papst Clemens angefangen habe, vollenden werde. Doch willigte er im September 1525 ein, die Ausführung des Grabmals in Gestalt eines flachen Aufbaues an der Wand, an welchem die von ihm bereits vollendeten Figuren Verwendung finden sollten, zu leiten. Trotzdem wurde er im folgenden Jahre durch eine so hohe Berechnung der Ersatzansprüche von seiten der Verwandten des Papstes Julius erschreckt, daß er aus aller Fassung geriet. „Wundert Euch nicht, daß ich ganz den Kopf verloren habe," schrieb er an seinen Vertreter in Rom. — Aber trotz alledem arbeitete Michelangelo in dem Bewußtsein, daß ihn in der Sache des Juliusgrabmals kein Verschulden traf, und des starken Schutzes Clemens' VII versichert, rüstig weiter an den Mediceergräbern, bis die Ereignisse ihn zwangen, die Arbeit zu unterbrechen. — Am 6. Mai 1527 wurde Rom von den spanischen und deutschen Söldnern des Connetable von Bourbon erstürmt und jener fürchterlichen Plünderung preisgegeben, die heute noch nicht aus der

Abb. 80. Das Jüngste Gericht. Freskogemälde in der Sixtinischen Kapelle zu Rom.
(Nach einer Originalphotographie von Braun, Clément & Cie. in Dornach i. E. und Paris.)

Erinnerung des Volkes verschwunden ist. Clemens VII wurde in der Engelsburg gefangen gehalten. Sofort nach dem Bekanntwerden dieser Ereignisse erhoben sich die Florentiner, um die verhaßte Herrschaft abzuschütteln, welche Alessandro, der uneheliche Sohn des Herzogs Lorenzo, ausübte. Der aufgeregte Zustand, in welchem sich die Stadt nach der Wiedereinführung einer Volksherrschaft, wie sie zu Savonarolas Zeit bestanden hatte, befand, wurde verschlimmert durch das Ausbrechen der Pest. In Michelangelos Armen starb als Opfer der Pest sein Bruder Buonarroto, für dessen Wohlergehen er immer so unermüdlich gesorgt hatte. Wenn Michelangelo nicht an den Gräbern der Mediceer arbeitete, während Florenz über die Vertreibung des letzten Mediceers jubelte, so ist ihm das nicht zu verdenken. Die Regierung der Republik benutzte die Muße des Meisters, um ihm den Auftrag zu erteilen, das schon im Jahre 1508 geplante Gegenstück zum David anzufertigen. Im April wurde ihm ein vorhandener Marmorblock zu diesem Zweck überwiesen; ein siegreicher Riese sollte dargestellt werden, Hercules, der den Antäus würgt, oder Samson, der den Eselskinnbacken über einem erschlagenen Philister schwingt. Michelangelo machte auch Skizzen zu einer solchen Gruppe; aber er führte das Riesenbild nicht aus. Aufgaben ganz anderer Art traten an ihn heran, bevor es dazu kommen konnte. Florenz rüstete sich, um zur Verteidigung seiner Freiheit dem Papst und dem Kaiser die Stirn zu bieten. Man machte sich auf eine schwere Belagerung gefaßt. Neun Männer wurden ernannt, welchen die Anordnung der zur Verteidigung der Stadt erforderlichen Vorkehrungen oblag; unter ihnen Michelangelo. Ein bürgerliches Ver-

Abb. 81. Aus dem Jüngsten Gericht in der Sixtinischen Kapelle: Die Mittelgruppe mit dem Weltenrichter.
(Nach einer Originalphotographie von Braun, Clément & Cie. in Dornach i. E. und Paris.)

waltungsamt hatte der Meister einige Zeit vorher ausgeschlagen; aber dem Schutze seiner Vaterstadt lieh er willig seine Kräfte. Am 6. April 1529 wurde er für die Dauer eines Jahres zum obersten Leiter und Aufseher der Befestigungen von Florenz ernannt. Mit rastlosem Eifer ließ er Wälle und Gräben und Bastionen herstellen, besonders den die Stadt beherrschenden Hügel von S. Miniato sicherte er in einer Weise, die sich erfolgreich bewährte. Im Mai wurde er nach Pisa geschickt, um auch dort für die Instandsetzung der Festungswerke Anordnungen zu treffen. Im August ging er im Auftrage der Republik nach Ferrara zum Zwecke der Einsichtnahme in die berühmten Festungswerke, welche der Herzog Alfonso d'Este seiner Stadt gegeben hatte. Inzwischen rückte das Heer Karls V gegen Florenz vor. Eine Stadt nach der anderen ging der Republik durch Erstürmung oder Übergabe verloren. In Florenz selbst entstand eine fürchterliche Verwirrung; während die einen mit dem Mut der Verzweiflung das äußerste zu wagen entschlossen waren, verzweifelten andere an jeder Möglichkeit des Widerstandes. Viele verließen die Stadt, um den Fall derselben nicht mitansehen zu müssen, und unter diesen war Michelangelo. Der König von Frankreich hatte ihm anbieten lassen, daß er in seine Dienste treten solle; bei der geringen Aussicht, welche die italienischen Zustände einem ferneren Gedeihen der Künste zu gewähren schienen, hatte Michelangelo sich mit dem Gedanken vertraut gemacht, diesem Rufe Folge zu leisten, sobald der Kampf um Florenz entschieden sein würde. In jener Zeit der höchsten Aufregung entschloß er sich plötzlich, nicht so lange zu warten, sondern gleich nach Frankreich zu gehen; auf der Bastion vor dem Thor S. Niccolò flüsterte ihm am Morgen des 21. September jemand ins Ohr, wenn er sein Leben behalten wolle, müsse er fliehen; jener Ungenannte verschaffte ihm Pferde und er floh; er wußte nicht — wie er einige Tage später schrieb — ob der Rat von Gott oder vom Teufel kam. Am 30. September wurde über die sämtlichen Flüchtlinge die Acht ausgesprochen; ihre Habe sollte eingezogen werden, wenn sie sich nicht bis zum 6. Oktober dem Gericht stellten. Um zu retten, was sich retten ließ, verbarg oder verkaufte Michelangelos Magd, was sich an Einrichtungsgegenständen und Vorräten in seinem Hause befand; das vorhandene Verzeichnis dieser Dinge verrät, daß seine Einrichtung mehr als bescheiden war. Fast scheint es übrigens, als ob man an maßgebender Stelle seine Rückkehr vorausgesetzt hätte; denn sein Name befindet sich wohl in der Liste der Verbannten, aber nicht in der Liste derjenigen, deren Besitz eingezogen wurde. In der That folgte Michelangelo der Stimme der Pflicht und dem Rat seiner Freunde und kehrte im November von Venedig, wohin er zunächst geflohen war, über Ferrara nach Florenz zurück. Die Signoria hatte ihm die Zusicherung freien Geleits nach Venedig geschickt, und als er wiederkam, war seine Bestrafung nicht allzu streng; das Verbannungsurteil wurde am 23. November aufgehoben und statt dessen nur bestimmt, daß er für drei Jahre von dem Recht, im großen Rate zu sitzen, ausgeschlossen sein sollte, jedoch mit der Befugnis, alljährlich um seine Wiedereinsetzung einkommen zu dürfen; außerdem sollte ihm für sein Amt als oberster Aufseher der Verteidigungswerke fernerhin kein Gehalt ausgezahlt werden. Michelangelo kam noch gerade zur Zeit, um alle Schrecken der engeren Belagerung mit durchzumachen. In seinen Skizzenbuchblättern spiegeln sich die blutigen Bilder wieder, welche die Straßen von Florenz belebten (Abb. 69). Trotz seiner kriegerischen Thätigkeit — denn von einem Aufhören seines Amtes, die Instandhaltung der Festungswerke zu leiten, ist nirgends die Rede — fand Michelangelo noch Zeit, sich bisweilen in das Reich der Kunst zu flüchten. Er soll ab und zu heimlich in der Grabkapelle der Mediceer an den dort angefangenen Figuren gearbeitet haben. Und mit aller Bestimmtheit versichert Vasari, daß während der Belagerung ein Temperagemälde unter der Hand des Meisters entstand, welches so weit ab wie nur möglich von der rauhen Wirklichkeit lag. Dieses Bild stellte eine Leda vor; Herzog Alfons von Ferrara hatte dasselbe bei Michelangelo bestellt, als dieser in kriegerischer Sendung bei ihm verweilte. Leider ist das Gemälde, welches den Beweis erbrachte, daß der ernste und düstere Künstler auch die sinnliche Glut der Liebe mit der ganzen Kraft seiner Meisterschaft zu schildern verstand, verloren gegangen. Michelangelo schenkte dasselbe später aus Verdruß darüber, daß der Abgesandte des Herzogs, welcher es in Empfang nehmen sollte, eine alberne Bemerkung über die Darstellung machte, desselben, die Mini in gewinnsüchtiger Absicht anfertigen ließ — in den Besitz des Königs Franz I von Frankreich; es hing in

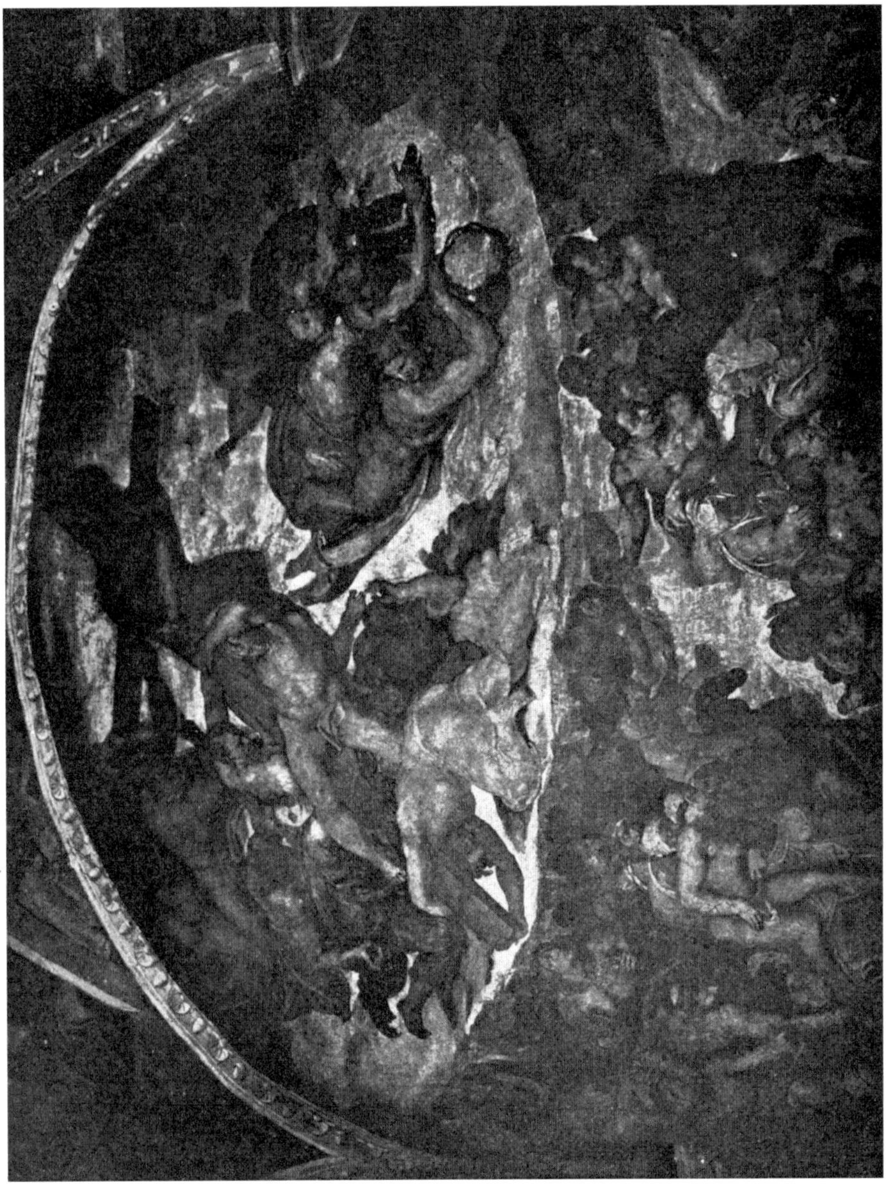

Abb. 82. Aus dem Jüngsten Gericht in der Sixtinischen Kapelle: Abschnitt oben links, Engel mit dem Kreuz und der Dornenkrone. (Nach einer Originalphotographie von Braun, Clément & Cie. in Dornach i. E. und Paris.)

seinem Gehilfen Antonio Mini, zugleich mit einer großen Anzahl von Kartons und gezeichneten und modellierten Skizzen, damit dieser arme Künstler aus dem Erlös die Heiratsausstattung zweier Schwestern bestreite. Dann kam das Bild — oder eine Kopie Fontainebleau, bis es unter Ludwig XIII das Opfer scheinheiliger Gewissensbedenken geworden sein soll, indem der Staatsminister des Noyers den Befehl gab, dasselbe zu verbrennen. Jedenfalls ist sowohl Michelangelos Original wie auch die betrügerische

Kopie — eins von beiden wurde im vorigen Jahrhundert in stark beschädigtem Zustand aufgefunden und nach England verkauft — gänzlich verschollen. — Die heldenhaften Anstrengungen, mit welchen die Florentiner ihre Freiheit verteidigten, waren vergeblich. Nicht die feindlichen Geschosse, nicht die Pest und nicht der Hunger vermochten während der zehnmonatlichen Belagerung ihren Mut zu brechen. Aber der Verrat ihres Heerführers Malatesta zwang sie, am 12. August 1520 ihre Thore dem Feinde zu öffnen und ein unbarmherziges Gericht über sich ergehen zu lassen. Karl V setzte den vertriebenen Alessandro de' Medici als erblichen Herrscher von Florenz ein und überließ die Stadt der Gnade oder Ungnade des Papstes. Mit schonungsloser Strenge wurde gegen alle gewütet, die einer besonderen Feindschaft gegen die Mediceer verdächtig waren. Auch der Mann, dem die Mauern und Wälle der Stadt ihre Widerstandsfähigkeit verdankten, hatte allen Grund, die Folgen seiner Vaterlandsliebe zu fürchten. Michelangelo hielt sich eine Zeitlang verborgen. Aber Papst Clemens VII billigte dem großen Künstler ebensogut eine Ausnahmestellung zu, wie es das Jahr zuvor die Regierung der Republik gethan hatte. Der Papst hatte sich selbst durch böswillige Gerüchte, welche von den leidenschaftlichen Neidern Michelangelos verbreitet wurden und welche ihn einer unwürdigen Gehässigkeit gegen die Mediceer beschuldigten, in seinem Wohlwollen nicht irre machen lassen; er hatte bei solchen Anschwärzungen nur, wie Sebastiano del Piombo dem Meister später berichtete, traurig mit den Achseln gezuckt. Als Mittelsmann zwischen dem Papst und Michelangelo trat der päpstliche Bevollmächtigte in Florenz, Baccio Valori, ein geborener Florentiner, auf. Dafür machte Michelangelo demselben als Geschenk das Marmorbild eines Apollo, der sich anschickt, einen Pfeil aus dem Köcher zu ziehen. Die Figur, welche sich jetzt im Nationalmuseum zu Florenz befindet, ist nicht ganz fertig geworden; sie verrät keine besondere Begeisterung des Meisters, und fast macht sie den Eindruck, als ob sie aus der Umarbeitung eines für das Juliusgrabmal bestimmt gewesenen Gefangenen hervorgegangen wäre (Abb. 70).

Vor Ablauf des Jahres 1530 war Michelangelo wieder eifrig bei der Arbeit in der Grabkapelle der Medici, und er blieb während der nächsten Jahre bei diesem Werk. Aber er arbeitete unter der größten körperlichen und geistigen Qual. Er war, wie ein Freund am 29. September 1531 über ihn berichtet, bis zur Fleischlosigkeit abgemagert. „Michelangelo wird," heißt es in demselben Bericht weiter, „nicht mehr lange leben, wenn nicht Abhilfe geschafft wird; denn er arbeitet viel, ißt wenig und schlecht und schläft auch nicht, und seit einem Monat wird er stark behindert durch Kopfschmerzen und Schwindel; er hat, kurz gesagt, zwei Übel, eines am Kopf und eines am Herzen, und für jedes gibt es ein Heilmittel, man muß nur die Ursache wissen und aussprechen." Das Heilmittel für den Kopf sollte darin bestehen, daß dem Meister verboten würde, während des Winters in der feuchten und kalten Kapelle, wo er sich den Tod hole, zu arbeiten; das Heilmittel für das Herz sollte in der endlichen Regelung der Sache des Juliusgrabmals bestehen; denn um dieser Sache willen war Michelangelo ganz in Schwermut verfallen.

Es ist wahrhaft peinlich, die Geschichte der Hinundherverhandlungen über diese Angelegenheit zu verfolgen. Zum Glück besaß Michelangelo in Papst Clemens einen wirklichen Freund. Es war keine bloße Redensart, wenn Sebastiano del Piombo an den Meister schrieb (am 29. April 1531): „Über die Nachricht, daß Ihr Euch für ihn abmüht, daß Ihr Tag und Nacht arbeitet, hat er (der Papst) sich sehr gefreut; aber nicht weniger würde er sich freuen, wenn er wüßte, daß Ihr Euch zufrieden fühltet und ruhigen Mutes wäret und daß Ihr die gleiche Liebe, die er zu Euch hegt, ihm entgegenbrächtet." So wendete Clemens VII jetzt auch alle Mittel an, um Michelangelo gegen Belästigung durch die Ansprüche des Herzogs von Urbino zu schützen. Das äußerste Mittel, zu dem er schritt, erscheint uns verwunderlich genug, aber es war zweifellos sehr wirksam: am 21. November 1531, also bald nach der Kenntnisnahme von dem oben erwähnten Bericht, schickte er ein Breve an Michelangelo, worin er demselben bei Strafe der Ausschließung aus der Kirchengemeinschaft verbot, an irgend etwas anderem als an den Mediceergräbern zu arbeiten. Das würde wohl, heißt es in einer vertraulichen Erläuterung, als Entschuldigung allen anderen

Anforderungen gegenüber — denn außer dem Herzog von Urbino, der auf seinem Recht bestand, waren noch zahllose Kunstfreunde da, die irgend etwas, und wenn es nur ein paar Striche wären, von Michelangelo zu besitzen wünschten, — genügen; zugleich sollte der Meister so, indem er an jeder Zersplitterung seiner Kraft verhindert wurde, gezwungen werden, besser für seine Gesundheit zu sorgen, um derentwillen ihm außerdem ein behaglicherer Arbeitsraum angewiesen wurde. Da aber der Papst erfuhr, daß Michelangelo doch keine volle Ruhe finden könnte, solange die römische Grabmalsangelegenheit in der Luft schwebte, riet er ihm selbst, zur Ordnung derselben nach Rom zu kommen. Im Frühjahr 1532 begab sich Michelangelo nach Rom. Dem entschlossenen

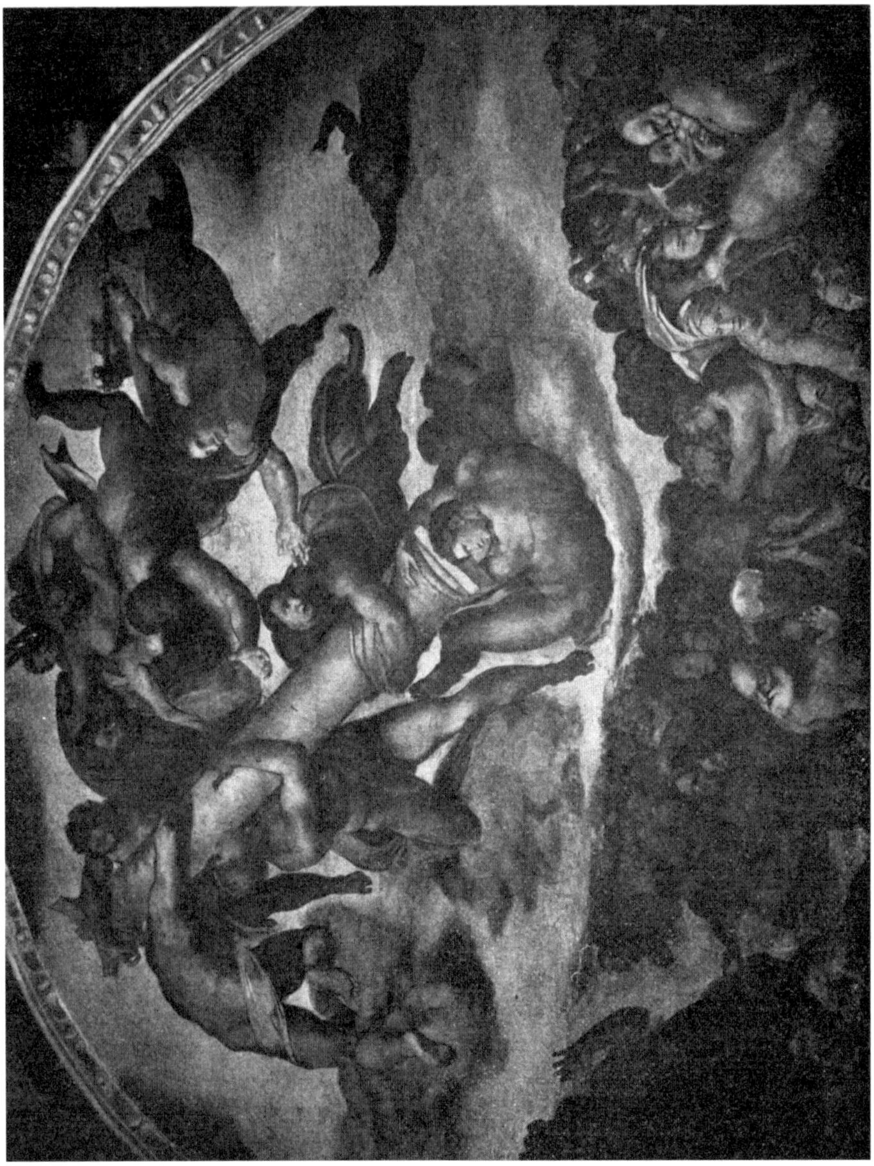

Abb. 83. Aus dem Jüngsten Gericht in der Sixtinischen Kapelle; Abschnitt oben rechts, Engel mit der Martersäule und anderen Werkzeugen des Leidens Christi.
(Nach einer Originalphotographie von Braun, Clément & Cie. in Dornach i. E. und Paris.)

Auftreten seines Freundes Sebastiano del Piombo, der die Vertreter des Herzogs auf den unschätzbaren Kunstwert dessen, was Michelangelo bereits für das Grabmal geschaffen hatte, überzeugend hinwies, hatte er es zu verdanken, daß ihm die günstigsten Bedingungen entgegengebracht wurden. Er hatte sich erboten, 2000 Dukaten Schadenersatz zu zahlen, wenn das Grabmal durch andere fertig gemacht würde; statt dessen sollte er jetzt noch 2000 Dukaten zubekommen, wenn er nur durch Zeichnungen, Modelle und persönliche Leitung die Anweisungen zur Ausführung des Grabmals gäbe; es würde genügen, so meinte Sebastiano, wenn nur etwas von seinem Schatten auf das Werk fiele. Die Zahl der am Grabmal anzubringenden Figuren sollte auf sechs, die fertig in Rom oder angefangen in Florenz standen, beschränkt werden. Unter diesen Bedingungen gab der Papst die Erlaubnis, daß Michelangelo alljährlich mehrere Monate sein Werk in Florenz verlassen dürfe, um in Rom zu arbeiten. Hiernach wurde am 29. April 1532 ein neuer Vertrag über das Juliusgrabmal abgeschlossen, der alle Parteien zufrieden zu stellen schien. Als Aufstellungsort für das Grabmal wurde in diesem Vertrag, da man von der im Neubau begriffenen Peterskirche absehen mußte, die Kirche S. Pietro in vincoli bestimmt, deren Titel Julius II als Kardinal getragen hatte. Michelangelo teilte jetzt seine Zeit in der vorgesehenen Weise zwischen Florenz und Rom. In Rom hatte er neben dem Juliusgrabmal noch eine andere Arbeit, die seine Thätigkeit mehr in Anspruch nahm als jenes: der Papst erteilte ihm den Auftrag, die Schmalwände der Sixtinischen Kapelle mit großen Gemälden zu schmücken; an der Eingangswand sollte der Sturz der bösen Engel, an der Altarwand das Weltgericht dargestellt werden, und den Karton zu letzterem Gemälde mußte Michelangelo alsbald beginnen.

Als Michelangelo im Herbst 1534 Florenz verließ, um wieder an seine römischen Arbeiten zu gehen, sah er die Heimatstadt, wo er kurz vorher seinen neunzigjährigen Vater begraben hatte, zum letztenmal. Clemens VII starb am 25. September 1534, zwei Tage bevor Michelangelo in Rom eintraf. Nach dem Tode dieses mächtigen Beschützers war in Florenz kein Aufenthalt mehr für ihn. Denn er wußte sich gehaßt von dem neuen Gebieter der Stadt, von dem weder Milde noch Gerechtigkeit zu erwarten war und den er dadurch noch besonders erzürnt hatte, daß er ihm die Anfertigung der Pläne zum Bau einer Zwingburg glatt verweigerte. Papst Clemens hatte dem lasterhaften Alessandro gegenüber mit der größten Schärfe die Interessen des Künstlers wahrgenommen; aber jetzt hatte dieser in Florenz alles zu fürchten. Er ließ daher die Mediceergräber stehen und liegen, wie sie waren. Es fehlten daran nicht weniger als zwölf Figuren; aber immerhin war ein gewisser Abschluß erreicht. Hauptsächlich durch Vasaris Bemühungen wurde das Vorhandene in gute Ordnung gebracht und die ganze Kapelle, wenn auch erst nach langen Jahren, würdig in stand gesetzt.

Es ist ein mannigfaltig bewegtes, düsteres Stück Lebensgeschichte, welches den Hintergrund der gewaltigen Schöpfung Michelangelos bildet, die, obgleich unvollendet, für sich allein genügen würde, ebensogut wie die Decke der Sixtinischen Kapelle, ihm für alle Zeiten und über allen Wechsel des Geschmacks hinaus unvergänglichen Ruhm zu sichern. Der Eindruck, den die Grabkapelle der Mediceer als Ganzes, in ihrer Einheit von Baukunst und Bildhauerkunst, bei dem von oben her nach allen Seiten hin gleichmäßig einfallenden Licht, auf den Beschauer ausübt, läßt sich nicht schildern; man kann ihn nur an Ort und Stelle empfinden. An jedem der beiden Grabmäler, welche die Seitenwände einnehmen, befinden sich nur drei Figuren; das sitzende Bild der hier bestatteten Persönlichkeit in der mittelsten Nische des unteren Wandgeschosses und zwei allegorische Gestalten, welche auf dem Deckel des vor der Wand stehenden Sarkophags ruhen. Diese drei Figuren wirken so mächtig, daß sie die Leere der vielen unausgefüllt gebliebenen Nischen vergessen lassen. An der Wand gegenüber dem Altar befindet sich als siebente Figur von Michelangelos Hand eine Madonna; zu ihren Seiten wurden nachträglich die nach den Entwürfen des Meisters von seinen Gehilfen ausgeführten Figuren der beiden Schutzheiligen des Mediceischen Hauses, Cosmas und Damian, aufgestellt.

Die Madonna war die erste Figur, welche Michelangelo für die Mediceische Grabkapelle entwarf. Schon 1521 wurde der betreffende Marmorblock zurechtgehauen.

Abb. 85. Zwei Auferstandene zwischen Engel und Teufel. Kreidezeichnung nach Michelangelos Jüngstem Gericht. Im Museum zu Weimar.
(Nach einer Originalphotographie von Braun, Clément & Cie. in Dornach i. E. und Paris.)

Aber zehn Jahre später harrte sie noch der Vollendung, und gänzlich fertig ist sie überhaupt nicht geworden. In dem Madonnenantlitz, das mit unendlicher Milde über das Kind hinweg zu uns herabblickt, kehrt etwas von der ruhigen Schönheit der Madonnenbilder aus Michelangelos Jugendzeit wieder; bei dem Jesuskind deutet die Mächtigkeit der Formen und die ungestüme Kraft der Bewegung — das ist Michelangelos eigenste Weise — das göttliche Wesen an (Abb. 73, mit den Skizzen Abb. 71 u. 72). Ursprünglich war die Madonna für die Mittelnische eines Doppelgrabmals bestimmt (Abb. 68). Mit dem Zurichten des Marmorblocks nach den Maßen der Nische hängt es zusammen, daß der Meister, der niemals Modelle im großen für seine Marmorarbeiten anfertigte, an der rechten Seite der Figur nicht genug Marmor übrig behielt, um den rückwärts aufgestützten Arm (vgl. die Skizze Abb. 72) mit völliger Freiheit herauszuarbeiten.

Die Bilder der beiden Herzöge, die übrigens kaum als eigentliche Bildnisse aufzufassen sind, erscheinen in idealer, antiker Feldherrenrüstung. In vornehm stolzer Haltung sitzt Giuliano da; lässig spielen seine Hände mit dem Feldherrenstab, den der Herrscher des Kirchenstaats ihm anvertraut hat; auf den harten Zügen des Kriegers liegt ein leises Weh, eine Klage um die Thaten, welche der achtunddreißigjährig Gestorbene ungethan lassen mußte (Abb. 74). Lorenzo (Abb. 75) erscheint in tiefes Nachdenken versunken; die Stimmung wird eigentümlich gesteigert dadurch, daß das Gesicht ganz im Schatten des Helms verborgen ist. Worüber

Abb. 84. Aus dem Jüngsten Gericht in der Sixtinischen Kapelle: Untere Hälfte des Gemäldes mit d
(Nach einer Originalphotographie von B

osaunenengeln, dem Höllenschlund, den Auferstehenden, Begnadigten und Verworfenen.
Clément & Cie. in Dornach i. E. und Paris.)

grübelt der Gedankenreiche (il pensoso, so nennt ihn Vasari)? Denkt er an das Schicksal seines Vaters, der in der Verbannung im Dienste eines Fremden fallen mußte, und daran, daß er selbst der einzige und letzte Enkel Lorenzos des Herrlichen ist, dessen Geschlecht kein rechtmäßiger Nachkomme fortpflanzt? Oder quält es ihn im Tode, daß sein außerehelicher Sohn Alessandro durch seine Mißregierung nur Schaden und Schande über das schöne Florenz bringt? Dieser Gedanke mag wohl Michelangelos Meißel geleitet haben, als er das Marmorbild ausführte; denn dasselbe entstand erst nach dem Untergang der Freiheit von Florenz — im September 1531 war es noch nicht angefangen —, während das Bild Giulianos bereits im Frühjahr 1526 gänzlich vollendet war.

Auf dem Sarkophag zu Füßen Giulianos ruhen die allegorischen Gestalten des Tages und der Nacht (Abb. 76 u. 77), auf dem Sarkophag Lorenzos diejenigen des Abends und der Morgenröte (Abb. 78 u. 79). Diese vier Figuren befanden sich im Jahre 1526 sämtlich schon in Arbeit. Sie waren angefangen worden, als noch die Absicht bestand, daß jede Figur für sich auf einem Sarkophag lagern sollte (vgl. Abb. 68); daher kommt es, daß sie bei der später beschlossenen Aufstellung, zu je zweien auf einem Sarkophag, mit den Füßen keinen Platz mehr auf dem Sargdeckel gefunden haben. Was Michelangelo mit diesen Gestalten, zu denen noch mehrere von verwandter Art hinzukommen sollten, sagen wollte, darüber geben einige Worte Auskunft, die er selbst auf der Rückseite einer Zeichnung aufgeschrieben hat: „Der Tag und die Nacht sprechen und sagen: wir haben mit unserem schnellen Lauf den Herzog Giuliano zum Tode geführt; es ist wohl billig, daß er sich dafür rächt, wie er thut; und die Rache ist diese: wie wir ihn getötet haben, so hat der Tote uns das Licht genommen und mit dem Schließen seiner Augen hat er die unsrigen zugedrückt, daß sie nicht mehr leuchten über der Erde. Was hätte er mit uns gemacht, wenn er am Leben blieb!“ Die zuerst vollendete von den vier mächtigen, übermenschlichen Gestalten, die einzige, welche ganz fertig geworden, ist die Nacht. Die Mutter von Schlaf und Tod, der zur Kennzeichnung eine tragische Maske, eine Eule und ein Bündel Mohnköpfe beigegeben sind, erscheint als eine kräftig-schlanke Riesin von mütterlicher Bildung; sie schläft, aber im Schlaf verfolgt sie der Schmerz. Einst fand man unter dieser Gestalt einen Zettel angeheftet, auf dem die Bewunderung ihrer Lebensfülle mit einem gewandten Hinweis auf Michelangelos Nameu, in einer Vierzeile ausgesprochen war:

Die Nacht, die du in lieblichen Gebärden
Hier schlafen siehst, ein Engel ließ sie werden
Aus diesem Stein: die Schlafende hat Leben.
Weck' sie nur auf, sie wird dir Antwort geben.

Darauf ließ Michelangelo die Nacht antworten:

Lieb ist der Schlaf mir, Stein zu sein, noch lieber:
Nichtsehn, Nichthören muß für Glück ich halten.
Solang' Unheil und Schmach im Lande walten,
Drum weck' mich nicht; sprich leis und geh vorüber.

Dieser berühmte Austausch von Gedichten fand zu einer Zeit statt, wo für Florenz der Verlust der Freiheit eine endgültige Thatsache geworden war. Es wäre unrichtig, darum anzunehmen, daß Michelangelo eine politische Anspielung im Sinne gehabt hätte, als er die Nacht so schmerzerfüllt darstellte. — Das Gegenbild der Nacht, der Tag, muß die zuletzt ausgeführte Figur sein; denn der Kopf derselben ist nicht über die erste Anlage hinausgekommen; aber aus den kaum angedeuteten Zügen dieses Kopfes spricht schon mit wunderbarer Bestimmtheit der beabsichtigte Ausdruck. Die gewaltige Kraft des Riesenleibes möchte sich zu Thaten regen, aber bittere Unlust hält ihn nieder, daß die mächtigen Glieder sich zu unerwünschter Ruhe bequemen müssen. — Die gleiche Bedeutung, wie an dem Grabmal Giulianos die Nacht und der Tag, haben an demjenigen Lorenzos der Abend (il crepuscolo, das Dunkelwerden) und der Morgen (l'aurora, die Morgenröte). Der Abend erscheint als ein Greis. Aber die Muskeln dieses Greises sind kaum weniger gewaltig, als diejenigen des kraftstrotzenden Mannes, der den Tag verbildlicht. Man sieht, es ist nicht körperliche Ermattung, sondern die Abspannung dumpfen Grams, was ihn schwer und müde zur Ruhe sinken läßt. Die Morgenröte zeigt im Gegensatz zur Nacht mädchenhafte Formen; sie ist schön, aber durch keinen Hauch von sinnlichem Reiz wird die Schönheit dieser Gestalt zum Menschlichen erniedrigt. Sie vermag nicht, sich vom

Lager zu erheben; die Augen, die sich eben im Erwachen geöffnet haben, möchten sich gleich wieder schließen. In diesem Antlitz hat der Ausdruck des Schmerzes die größte Bitterkeit angenommen. Die Figur der Morgenröte wurde im Jahre 1531 fertig, man darf wohl denken, daß Michelangelo unwillkürlich in ihren Zügen sich die bitteren Empfindungen hat wiederspiegeln lassen, die der Fall von Florenz ihm verursachte. Es ist gar keine Frage, daß die Gestalten von Nacht und Morgen, Tag und Abend nichts anderes ausdrücken sollen, als den Schmerz über den Tod der beiden Mediceer. Was sie aber in Wirklichkeit ausdrücken, sind doch nur die Schmerzen, welche die Seele ihres Schöpfers marterten. Durch nichts unterscheiden sich Michelangelos Gestalten so sehr von der Antike, wie dadurch, daß sie gar nichts Allgemeingültiges haben, sondern nur die Äußerung rein persönlicher Stimmung sind. Aber die Persönlichkeit, deren Seele so aus den Kunstwerken zu uns spricht, ist von einer überwältigenden, man möchte sagen übermenschlichen Größe.

Nach dem Tode Clemens' VII hoffte Michelangelo, seine Verpflichtungen gegen die Erben Julius' II ungestört erfüllen zu können. Aber der Nachfolger Clemens', Paul III (Alessandro Farnese), legte sofort Beschlag auf den Künstler. Auf Michelangelos Bemerkung, daß er, durch den Vertrag mit dem Herzog von Urbino gebunden, diesen zufrieden stellen müsse, bevor er dem Papst mit seiner Kunst dienen könne, geriet Paul III in hellen Zorn und rief: „Dreißig Jahre lang habe ich mich danach gesehnt, und jetzt, wo ich Papst bin, soll ich's mir versagen? Ich zerreiße den Vertrag!" Michelangelo wollte aus Rom fliehen und an irgend einem stillen Ort, in einer im Gebiet von Genua gelegenen Abtei des ihm befreundeten Bischofs von Aleria oder in Urbino, ausführen, was er noch für das Juliusgrabmal zu thun hatte. Aber der neue Papst zwang den Künstler sowohl wie den Herzog von Urbino unter seinen Willen. Bald nach seiner Thronbesteigung besuchte er mit einem großen Gefolge von Kardinälen den Meister in dessen Wohnung; er bewunderte die dort vorhandenen Figuren für das Juliusgrabmal und hörte es gern, als der Kardinal von Mantua über den Moses den Ausspruch that, daß diese Figur

Abb. 86. Ein Verdammter, von Teufeln herabgezogen. Kreidezeichnung nach Michelangelos Jüngstem Gericht. In der Albertina zu Wien.
(Nach einer Originalphotographie von Braun, Clément & Cie. in Dornach i. E. und Paris.)

allein genügend sei, um Papst Julius zu ehren; und beim Anblick der für das Jüngste Gericht bereits angefertigten Zeichnungen beschloß er, daß Michelangelo dieses Werk für ihn ausführen solle.

Alsbald wurden in der Sixtinischen Kapelle die Gerüste aufgeschlagen, und im Frühjahr 1535 begann Michelangelo die Ausführung des großen Freskogemäldes, dem, da es sich über die ganze Fläche der Altarwand ausdehnte, nicht nur die drei hier befindlichen Gemälde aus dem vorhergegangenen Jahrhundert (von Perugino), sondern auch zwei Lünettenbilder weichen mußten, welche Michelangelo selbst vor vierundzwanzig Jahren gemalt hatte. Am 1. September 1535 ernannte Paul III den Meister durch ein in den schmeichelhaftesten Ausdrücken abgefaßtes Breve zum obersten Baukünstler, Bildhauer und Maler des Vatikans und wies ihm auf Lebenszeit ein jährliches Einkommen von 600 Goldscudi und außerdem die Einkünfte aus dem Zoll der Pobrücke bei Piacenza, die auf den gleichen Betrag geschätzt wurden, an. — Der greise Meister gebrauchte acht Jahre, um das ungeheuer große Gemälde des Jüngsten Gerichts, bei dem er wieder jede Mitwirkung von Gehilfen verschmähte, zu vollenden. Der Weihnachtstag des Jahres 1541 wird als der Tag bezeichnet, an dem das Bild „zum Staunen Roms und der Welt“ aufgedeckt wurde.

Michelangelos Weltgericht (Abb. 80 mit den Einzelstücken Abb. 81 bis 84) ist ein gemaltes Dies irae; der Tag des Schreckens ist in ihm geschildert. Christus erscheint nicht, wie sonst üblich, in der gemessenen Ruhe eines antiken Götterbildes; der Weltenrichter ist, als der eifrige Gott der Bibel, mit der fürchterlichen Majestät des Zornes bekleidet. Wie er beim Schall der Posaunen, der die Toten aus der Erde ruft, die Hand erhebt, um mit einer Gebärde, die jeden Widerspruch ausschließt, den Auferstandenen zur Linken das Urteil ewiger Verdammnis entgegenzuschleudern, da geht es wie Schrecken auch durch die dichtgedrängten Scharen der Heiligen, welche in doppeltem Kreise den Richter umgeben, und die Engel, welche in der Höhe die Leidenswerkzeuge Christi der Welt entgegenhalten, scheinen zu erzittern. Die Erde hat sich geöffnet, und man blickt in ihren verborgenen Schlund, wo Teufel heimlich und gierig die erwachenden Toten zu ergreifen suchen, bevor sie ihnen von Engeln — die hier wie überall in dem Bilde ohne Flügel erscheinen — entzogen werden. Dann zieht eine unsichtbare Kraft oder die hilfreiche Hand von Engeln die Begnadeten hinauf, bis ihre Schar sich mit den endlosen Reihen der um Christus versammelten Seligen vereinigt. Den Aufsteigenden gegenüber stürzen die Verdammten. Von oben her durch Engel zurückgetrieben, von unten durch grimmig starke Teufel gezerrt, sinken sie pfeilgerade oder in verzweifelter Bewegung des Widerstandes, mit einer unheimlichen Langsamkeit, die den Eindruck der Unerbittlichkeit schauerlich verstärkt, in die Tiefe. Am Rand der Erde wird die Luft zur Flut; das ist der Acheron, auf dem der alte Fährmann Charon, nach der durch Dante eingebürgerten Vorstellung, eine Schar Verworfener in seinem Nachen zur Hölle fährt. Der höllische Ferge

„Schlägt mit dem Ruder jeglichen, der zögert,“

und unter seinem Schlage stürzt und drängt sich die Menge nach dem vorderen Rand des Kahnes, wo sie von hohnlachenden Teufeln gepackt und herausgerissen werden oder, was noch schauerlicher wirkt, ohne äußeren Zwang, von grausiger Notwendigkeit getrieben, in das Reich der ewigen Qual hinabspringen. Dort harrt ihrer, von wilden, häßlichen Genossen umgeben, der Höllenfürst Minos, von einer Schlange umwunden; in seinen Zügen mischt sich mit dem Ausdruck der eigenen endlosen Qual die teuflische Lust über die Ankunft der Opfer.

Das Gemälde ist nicht leicht zu betrachten. Seine ungeheure Größe erschwert den Überblick. Das Schlimmste aber ist, daß es bis zur völligen Zerstörung der Farbenwirkung geschwärzt ist. Michelangelo hatte, um die Ablagerung von Staub auf dem Bilde zu verhüten, die zur Aufnahme desselben bestimmte Wandfläche so vorbereiten lassen, daß sie eine kleine Neigung vornüber bekam; infolgedessen aber hat der Rauch der Altarkerzen um so nachteiliger auf dasselbe eingewirkt. Hat man sich aber erst hineingesehen, daß es einem gelingt, die einzelnen Gruppen zu verstehen und eingehend zu betrachten, so findet man überall eine Wucht und Größe der Gedanken und Empfindungen, die man nur mit Dantes Dichtung vergleichen kann. — In den so mannigfaltig bewegten Gestalten hat das jüngere Künstlergeschlecht eine unerschöpfliche Quelle der Belehrung gefunden, wie eine große Menge noch erhaltener, nach dem Karton oder dem fertigen Freskobild von den verschiedensten Händen gezeichneter Wiedergaben von einzelnen Figuren und Gruppen bekundet. Wie ungleich der Wert dieser Nachzeichnungen auch sein mag, sie haben ein Interesse dadurch, daß in ihnen die Einzelheiten deutlicher erkennbar sind, als auf dem Original in seinem jetzigen Zustand (Abb. 85 und 86). — Michelangelo mußte es erleben, daß sein Weltgericht wegen der Nacktheit fast sämtlicher Figuren Anfechtungen und Unbilden erleiden mußte. Schon während der Arbeit wurde er dieserhalb von dem päpstlichen Ceremonienmeister Biagio da Cesena getadelt; dafür rächte er sich, wie

Vasari erzählt, dadurch, daß er dem Minos die Züge des Biagio gab, und Paul III hatte nichts dagegen einzuwenden, daß ein Mann, der ein großes Werk mit kleinlicher und niedriger Gesinnung betrachtete, in solcher Weise bestraft wurde. Sehr heftig waren sodann die Angriffe des Dichters Pietro Aretino. Diese Angriffe waren um so abscheulicher, als sie nicht aus innerer Überzeugung hervorgingen; Aretino, der in seinen schriftstellerischen Werken der zügellosesten Unanständigkeit frönte, erboste sich gegen Michelangelo, weil er von diesem, an den er sich mit Ratschlägen und schmeichlerischer Bewunderung herangedrängt hatte, nicht in der erhofften Weise durch das Geschenk eines Kunstwerkes von hohem Wert geehrt wurde; darum eiferte er ganz wütend gegen das Bild, das er vorher hoch gepriesen hatte, und gegen dessen Urheber, der sich durch die Herabwürdigung des Heiligen als „Lutheraner" entpuppt habe. Solche Ausfälle hatten zwar zunächst keinen Erfolg. Aber in Paul IV kam 1555 ein Papst zur Regierung, dem der Blick dafür fehlte, daß Michelangelos Gestalten in ihrer künstlerischen Erhabenheit das würdigste Gewand besaßen. Derselbe hatte sogar die Absicht, das Gemälde ganz herunterschlagen zu lassen; er begnügte sich dann aber damit, eine Übermalung der anstößigen Stellen anzuordnen. So flickte, da selbstverständlich Michelangelo nicht für eine derartige Entstellung seiner Schöpfung zu gewinnen war, dessen Schüler Daniello Ricciarelli allerhand Gewandstücke in das Bild; diese traurige Arbeit währte mehrere Jahre, sie wurde erst unter Pius V durch einen anderen Maler zu Ende geführt. Eine Auffrischung dieser Übermalungen, die im vorigen Jahrhundert stattfand, hat noch ganz besonders zur Verunstaltung des Gemäldes beigetragen.

Nach der Vollendung des Jüngsten Gerichts kam endlich auch die Tragödie des Juliusgrabmals zu einem Abschluß. Im September 1539 hatte Michelangelo von dem Herzog von Urbino einen sehr freundlich gehaltenen, mit den Worten „Liebster Herr Michelangelo" anfangenden Brief bekommen, des Inhalts, daß der Herzog dem Papst zuliebe gern warten wolle, bis der Meister mit der für diesen begonnenen Arbeit vollständig fertig sei, und daß er das feste Vertrauen hege, Michelangelo werde alsdann mit doppeltem Eifer die Vollendung des Grabmals vornehmen. Michelangelo hatte

Abb. 87. Unterstück des Grabmals des Papstes Julius II in der Kirche S. Pietro in vincoli zu Rom.
(Nach einer Originalphotographie von Braun, Clément & Cie. in Dornach i. E. und Paris.)

Abb. 88. Brutus. Marmorbüste im Nationalmuseum zu Florenz. (Nach einer Originalphotographie von G. Brogi in Florenz.)

Figuren. Eine neue Schwierigkeit bereitete Michelangelo sich selber, oder vielmehr sein künstlerisches Gewissen bereitete sie ihm. Zwei von jenen drei Figuren, die beiden Gefangenen, waren bestimmt gewesen, an einem mächtig aufgebauten, mit zahlreichen anderen Figuren ausgestatteten Grabmal in Gemeinschaft mit vielen gleichartigen als schmückende Glieder, in inniger Verbindung mit der Architektur, verwendet zu werden. An dem verkleinerten, zu einem an die Wand angelehnten flachen Aufbau zusammengeschrumpften Grabmal würde es allzu befremdlich ausgesehen haben, wenn zwei Nebenfiguren, deren Bedeutung noch dazu durch ihre Vereinzelung abgeschwächt wurde, als ein hervorragender Hauptbestandteil des Figurenschmucks aufgetreten wären. Darum beschloß Michelangelo, dieselben durch inhaltlich bedeutsamere Gestalten zu ersetzen; er wählte dazu, in Wiederaufnahme eines Gedankens, welcher schon bei dem ersten Entwurf des Grabmals bestand, die Verbildlichung des thätigen und des beschaulichen Lebens.

So begann er eigenhändig, da doch einmal drei Figuren von seiner Hand das Werk schmücken sollten, die überlebensgroßen Figuren der Rachel und der Lea: jene als die Beschauliche betend, diese — nach einem von Dante gebrauchten Bilde — mit einem Blumenkranz in der Rechten und einem Spiegel in der Linken als die Thätige. Zwar wurde in dem Vertrag, der am 20. August 1542 als der letzte über das Juliusgrabmal abgeschlossen wurde, dem Meister gestattet, die Vollendung auch dieser beiden Figuren fremder Hand zu überlassen. Aber er kam später doch wieder auf die eigenhändige Ausarbeitung derselben zurück. Im Jahre 1545 war das Grabmal Julius' II in der Gestalt, in der wir es in der Kirche S. Pietro in vincoli erblicken, fertig. Sein unterer Teil zeigt eine Anordnung, welche derjenigen entspricht, die Michelangelo für das Erdgeschoß des ursprünglich geplanten Grabbaues entworfen hatte: zu den Seiten

das Wohlwollen des Herzogs zu nähren gewußt durch einen demselben übersandten Entwurf zu einem in Edelmetall auszuführenden Salzfaß. Im Frühjahr 1542 arbeiteten mehrere Gehilfen — die zum Teil schon seit längerer Zeit mit dieser Arbeit beschäftigt waren — an den Figuren, welche Michelangelo für den oberen Teil des Grabmals angeordnet hatte. Andere, darunter Francesco di Amadore, genannt Urbino, der zugleich der Diener des Meisters war, arbeiteten an dem baulichen Rahmen und dem Zierwerk. Am 6. März 1542 erklärte der Herzog in einem Briefe an Michelangelo noch einmal ausdrücklich, daß er von dessen eigener Hand — mit Rücksicht darauf, daß der Papst ihn schon wieder durch einen neuen Auftrag gebunden habe, — nichts weiter verlange, als die drei bereits fertigen eines Mittelfeldes zwei von Hermenpfeilern eingeschlossene Nischen. In den Nischen haben die Verbildlichungen des beschaulichen und des thätigen Lebens Platz gefunden, und in dem engen Mittelraum sitzt der gewaltige Moses; die Leere über den vor den Pfeilern heraustretenden Sockeln, die als Fußgestelle für die Reihe der Gefangenen gedacht waren, wird durch gewundene Steingebilde, umgekehrte Konsolen, einigermaßen ausgefüllt (Abb. 87). Der obere Teil des Grabmals, der in der Mitte die Figuren des auf einem Sarkophag ruhenden Papstes und der Madonna, seitlich diejenigen eines Propheten und einer Sibylle enthält, zeigt nicht nur in den Figuren sehr deutlich, daß Michelangelos Hand hier fern geblieben ist, sondern er verrät auch in der Anordnung nichts von Michelangelos Geist. Wir erfahren, daß Michelangelo sich über die Figuren des Propheten und der Sibylle sehr unzufrieden geäußert habe. Im übrigen aber überwog die Beruhigung, daß die Sache überhaupt zu einem Ende gekommen war, den Schmerz darüber, daß dieses Ende im Vergleich mit den großen Hoffnungen, die er vor vierzig Jahren gehegt, so überaus kläglich war. Der einst so leidenschaftliche Mann hatte gelernt, sich zu ergeben. So hatte er auch später auf die Mitteilung, daß sein Freskobild des Weltgerichts auf Befehl Pauls IV einer Übermalung unterworfen werden sollte, nichts zu erwidern, als die Worte: „Bilder lassen sich ändern; wenn der Papst nur die Welt ändern könnte!“

Die überflüssig gewordenen Figuren der beiden Gefangenen schenkte Michelangelo dem in Lyon ansässigen Florentiner Roberto Strozzi, in dessen römischem Hause er im Jahre 1544 während einer schweren Krankheit gepflegt wurde. Dieselben kamen dann in den Besitz des Connetable Anne de Montmorency; vom letzten Montmorency wurden sie dem Kardinal Richelieu geschenkt, und sie blieben im Besitz der Familie Richelieu, bis sie gegen Ende des vorigen Jahrhunderts für den französischen Staat erworben wurden. — Es ist erwähnenswert, daß Michelangelo an Roberto Strozzi die Bitte richtete, dem König von Frankreich zu sagen, daß er, Michelangelo, auf seine eigenen Kosten dem König ein ehernes Reiterstandbild auf dem Hauptplatz von Florenz errichten wollte, wenn derselbe Florenz die Freiheit wieder verschaffte. Michelangelo glühte für die Freiheit seiner Heimat, die doch als endgültig verloren gelten mußte, seit Alessandros Nachfolger, der junge und thatkräftige Cosimo, das Haupt der jüngeren Linie der Mediceer, die Stadt und ihr Gebiet als ein erbliches Herzogtum beherrschte. In jener Zeit mag der Meister die trotz ihres unfertigen Zustandes so wunderbar ausdrucksvolle Büste des Freiheitshelden Brutus gemeißelt haben, die sich im Nationalmuseum zu Florenz befindet (Abb. 88).

Der in dem Brief des Herzogs von Urbino vom 6. März 1542 erwähnte neue Auftrag Pauls III an Michelangelo war die Ausschmückung der Kapelle, welche dieser Papst im Vatikan hatte erbauen lassen, und die nach ihm als die Paulinische Kapelle bezeichnet wird, mit Freskogemälden. Die darzustellenden Gegenstände waren die Bekehrung des Paulus und die Kreuzigung des Petrus. Die allmähliche Erfüllung dieses Auftrages beschäftigte den betagten Meister bis zum Jahre 1549. Wir müssen darüber staunen, daß Michelangelo im achten Jahrzehnt seines Lebens noch die körperliche Kraft besaß, welche dazu gehört, eine umfangreiche Freskomalerei auszuführen; und wir dürfen uns nicht darüber wundern, wenn aus diesen späten Werken, ungeachtet aller Schönheiten, welche in den Einzelheiten der figurenreichen Darstellungen vorhanden sein mögen, keine große dichterische Kraft mehr spricht. — Michelangelo selbst sagte, die Freskomalerei sei keine Sache für alte Leute, und in einer Gesellschaft, welche sich um die geistvolle und gefeierte Markgräfin-Witwe von Pescara, Vittoria Colonna, versammelt hatte, äußerte er, daß er nicht mehr die Kraft in sich fühlte, welche eine solche Liebe wie die Malerei beanspruche.

Der Name der Vittoria Colonna ist der Nachwelt wohl durch nichts so sehr bekannt geworden, wie durch ihre Beziehungen zu Michelangelo. Vittoria, die Tochter des Großconnetable von Neapel, Fabrizio Colonna, war im Jahre 1490 geboren. Schon als Mädchen war sie weit und breit berühmt wegen ihres Geistes und ihrer Schönheit, und mehr als ihre Abstammung aus dem alten und mächtigen römischen Adelsgeschlecht ließen ihre persönlichen Eigenschaften sie in den Augen fürstlicher Bewerber begehrenswert erscheinen. Im Jahre 1509 ver-

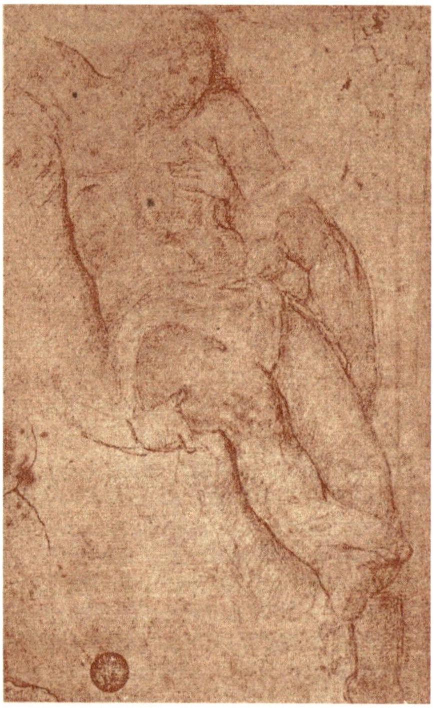

Abb. 89. Christusfigur für die Kreuzabnahme des Daniel da Volterra. Kreidezeichnung in der Sammlung der Kunstakademie zu Venedig.
(Nach einer Originalphotographie von Braun, Clément & Cie. in Dornach i. E. und Paris.)

wählte sie sich mit ihrem Jugendgespielen Ferrante Francesco d'Avalos, Markgraf von Pescara, dem sie schon als Kind verlobt worden war. Pescara starb 1525 an den Wunden, welche er in der Schlacht bei Pavia empfing. Die Witwe suchte Trost in Andachtsübungen, in Werken der Wohlthätigkeit und in der Dichtkunst. Sie nahm ihren Aufenthalt in verschiedenen Klöstern, in Orvieto, Viterbo, Rom. Von 1544 bis zu ihrem Tode im Februar 1547 verweilte sie dauernd in Rom bei den Nonnen von S. Silvestro in capite. In ihrer Zurückgezogenheit von dem Treiben der Welt versagte Vittoria Colonna sich nicht den Genuß des Verkehrs mit geistreichen Männern, mit denen sie sich über Religion, Dichtung und Kunst unterhalten konnte. Man weiß nicht, wann ihr Verkehr mit Michelangelo begann, der sich zu dem innigsten und reinsten Bund zweier für das Schöne und Erhabene begeisterten Seelen gestaltete; die Vermutungen schwanken zwischen den Jahren 1533 und 1538. Die Markgräfin war nicht mehr jung, und Michelangelo war dem Greisenalter nahe, als sie sich kennen lernten.

Unter den Gedichten aus Michelangelos Jugendzeit gibt es einige wenige — sie fallen in das Jahr 1507 —, welche sich mit heißem Verlangen an eine Geliebte wenden; das ist das einzige, was darauf hinweist, daß er in jüngeren Jahren nicht völlig unempfindlich gegen Frauenliebe geblieben sei, und nichts läßt vermuten, daß es sich hier um mehr als eine flüchtige Neigung gehandelt habe. Was die Kunst in Michelangelos Herzen an Raum übrig ließ, wurde, solange sein Vater lebte, durch die Sorge für dessen Wohlergehen ausgefüllt. Erst als diese liebgewordene Sorge von ihm genommen war, empfand er das Bedürfnis, sich enger an einen gleichgesinnten Menschen anzuschließen. Auf eine geradezu leidenschaftliche Freundschaft zu einem jungen, vornehmen Römer, Tomaso de' Cavalieri, den er mit Geschenken von Zeichnungen überhäufte und dessen lebensgroßes Bildnis er zeichnete, obgleich sonst das Porträtieren gar nicht seiner Neigung entsprach, folgte die Liebe zu Vittoria Colonna. Gegenseitige Bewunderung des Dichters und der Dichterin knüpfte das Band, das um so fester und inniger wurde, je näher diese beiden ungewöhnlichen Persönlichkeiten im schriftlichen Verkehr und in mündlicher Unterhaltung einander kennen lernten. In dieser ebenso glühenden wie ehrfurchtsvollen Liebe fand die ungestüm leidenschaftliche Seele Michelangelos eine beglückende Ruhe.

Die Mehrzahl von Michelangelos Gedichten sind in der Zeit des Umgangs mit Vittoria Colonna entstanden. Die meisten unter ihnen sind der Liebe zu dieser hohen Frau gewidmet. Andere nicht minder begeisterte gelten der Vaterstadt, und einige der schönsten sind dem großen Dichter gewidmet, der gleich ihm gezwungen war, das geliebte Florenz zu meiden; Michelangelo war ein großer Kenner und Verehrer Dantes, und es ist sehr zu beklagen, daß ein von ihm mit Randzeichnungen versehenes Exemplar der Göttlichen Komödie bei einem Schiffbruch zu Grunde gegangen ist. Sehr zahlreich sind ferner die Gedichte religiösen Inhalts, aus denen eine wunderbare Tiefe der Empfindung spricht. Ernste, christliche Frömmigkeit war ein Grundzug von Michelangelos Wesen; er wurde nicht müde, in

Abb. 90. Die Auferstehung Christi. Kreidezeichnung im Britischen Museum zu London. (Nach einer Originalphotographie von Braun, Clément & Cie. in Dornach i. E. und Paris.)

der Bibel zu lesen und in geistlichen Abhandlungen, besonders in den Schriften Savonarolas, dessen Predigten er in der Jugend gehört hatte und dessen lebhafte Stimme ihm noch im Alter in den Ohren klang. In dieser aufrichtigen innerlichen Frömmigkeit begegnete er sich mit Vittoria Colonna, er erkannte, wie er in einem seiner Gedichte sagt, in ihren schönen Augen das Licht, welches den Weg zum Himmel weist. — Dem entsprach der Inhalt der Zeichnungen, welche er für die geliebte Frau anfertigte. Christus am Kreuz in der Qual der letzten Augenblicke und die Klage Marias an dem Leichnam Christi waren in diesen Zeichnungen dargestellt. Den letzteren Gegenstand wählte Michelangelo auch, als er, noch bei Lebzeiten der Vittoria, daran ging, ein Marmorwerk zum Schmuck seines eigenen Grabes zu meißeln. Er begann aus einem großen Marmorblock eine Gruppe herauszuarbeiten, welche den eben vom Kreuze abgenommenen Leichnam des Heilands zeigte, wie er, von Nikodemus und Maria Magdalena gehalten, in die Arme der Mutter sinkt. Aber er brachte dieses Werk nicht zu Ende. Als Vittoria Colonna verschieden war, der er am Sterbebett die Hände, doch nicht das Antlitz zu küssen wagte, hatte er die letzte Anregung, welche seine Schaffenskraft frisch erhielt, verloren. Wohl arbeitete er, als die Beendigung der Freskomalerei in der Paulinischen Kapelle ihm volle Muße gewährte, mit Eifer an der Marmorgruppe für sein Grab. Ein Augenzeuge berichtet aus dem Jahre 1550: „Ich kann sagen, daß ich Michelangelo, obgleich er über die sechzig und nicht sehr kräftig ist, von einem sehr harten Marmor mehr Splitter in einer Viertelstunde habe herabhauen sehen, als drei junge Steinhauer in drei oder vier fertig brächten, und er ging mit einem solchen Ungestüm daran, daß ich dachte, das ganze Werk müsse in Stücke springen, indem er auf einen Hieb große Brocken, drei oder vier Finger dick, herunterschlug, so haarscharf an seiner Anzeichnung, daß, wenn er weiter, als es sein sollte, gegangen wäre, er Gefahr lief, alles zu verderben.“ Michelangelo verdarb sich in der That dieses Werk durch sein Ungestüm, und als obendrein nach eine dunkle Ader darin zu Tage kam, zerschlug er zornig die Gruppe in Stücke. Ein Bildhauer, dem er die Marmorstücke schenkte, setzte dieselben wieder zusammen und ergänzte das Fehlende; in diesem Zustand ist die Gruppe später nach Florenz gekommen, wo sie hinter dem Hochaltar des Doms aufgestellt worden ist. Noch ärger verhauen ist eine nur aus den beiden Figuren der Mutter Maria und des toten Christus bestehende Gruppe, welche Michelangelo wahrscheinlich für sein Grab auszuführen beabsichtigte, bevor er sich zu jener größeren Gruppe entschloß; dieselbe befindet sich im Palazzo Rondanini zu Rom; das Merkwürdigste daran ist, daß der Kopf Marias, obgleich er nur mit ganz groben Hieben angelegt ist, ganz sprechend und ergreifend den beabsichtigten Ausdruck zeigt. — Der Meister sah ein, daß er auch der Bildhauerkunst entsagen müsse. Nach der Verzichtleistung auf die Ausübung der beiden Künste kam er sich wie ein schon halb Gestorbener vor. In einem Sonett, das er an Vasari sandte, hat er seine Empfindungen schön und ergreifend ausgesprochen; leider vermag die Übersetzung nur ein schwaches Bild zu geben von der Kraft und Knappheit von Michelangelos dichterischer Ausdrucksweise:

Am Ziel der Fahrt ist angelangt mein Leben
— Wie schwach der Kahn, wie wild des Meers Gewalten —,
Im Hafen, wo der Landende gehalten
Ist, Rechnung über all sein Thun zu geben.
Die mich die Kunst zur Gottheit ließ erheben,
Zum einz'gen Herrn, die Freude am Gestalten:
Jetzt seh' ich, wieviel Irrtum sie enthalten,
Und wie wir gegen unser Bestes streben.
Die eitle, frohe Schaffenswonne endet,
Da sich ein zwiefach Sterben mir bereitet:
Ein Tod ist da, den andern seh' ich nahen.
Nicht mal' noch meißl' ich mehr; die Seele wendet
Zur Gottesliebe ruhig sich, die breitet
Vom Kreuz die Arme aus, uns zu umfahen.

Die letzten Jahre von Michelangelos Leben blieben von großen Stürmen, wenn auch nicht von mancherlei Betrübnissen und Verdrießlichkeiten, verschont. Dank der von Paul III getroffenen Fürsorge lebte der betagte Meister in Wohlhabenheit, trotzdem ihm die Einkünfte aus dem Poübergang bei Piacenza verloren gingen, als Piacenza in den Besitz Kaiser Karls V kam. Im fortwährenden Kampf mit Entbehrungen hatte er sich an eine Lebensweise von außerordentlicher Einfachheit und Mäßigkeit gewöhnt. Da er diese Lebensweise auch im hohen Alter beibehielt, kam er in den Ruf des Geizes: aber seine Wohlthätigkeit und Freigebigkeit straften solches Gerede Lügen. Die bewunderungswürdigste Art der Freigebigkeit bewies er den jungen Künstlern gegenüber, welche ihm — ohne im engeren Sinne des Wortes seine Schüler zu sein — nacheiferten; er schenkte ihnen nicht nur von seinen Studienzeichnungen, sondern er überließ ihnen ganze Kompositionen, damit sie dieselben ausführten. Sebastiano del Piombo und Daniel Ricciarelli (Daniele da Volterra) haben vieles in ihren besten Werken der Erfindung Michelangelos zu verdanken gehabt. Insbesondere gilt des letzteren bedeutendstes Gemälde, die berühmte Kreuzabnahme in S. Trinità de' Monti zu Rom, als Michelangelos Geisteserzeugnis; eine erhaltene Zeichnung zu der Christusfigur in diesem Bilde weist mit Bestimmtheit auf die Hand des Meisters hin (Abb. 89). Viele Bilder von verschiedenen Malern werden ausdrücklich als auf solche Weise entstanden namhaft gemacht. Zu den bekannteren unter diesen gehört das von Jacopo da Pontormo gemalte Bild in der Uffiziensammlung „Venus und Amor“, das sich im Besitz des Alessandro de' Medici befunden hat, somit in Michelangelos frühere Zeit — Alessandro wurde im Jahre 1537 ermordet — zurückreicht. Verschollen sind die zahlreichen Gemälde kleineren Maßstabes, welche der Mantuaner Marcello Venusti nach Zeichnungen Michelangelos ausführte. Unter denselben wird eine Auferstehung Christi erwähnt; von der Hand des Meisters sind zwei verschiedene, aber gleich eigenartige und gewaltige Kompositionen dieses Gegenstandes erhalten, welche nach der Art der Zeichnung seinem hohen Alter anzugehören scheinen; das eine der Blätter befindet sich im Louvre, das andere (Abb. 90) im Britischen Museum zu London.

Michelangelo überlebte seine sämtlichen Brüder. Giovansimone starb 1548, Sigismondo 1555. Beide hinterließen keine Nachkommenschaft, und Michelangelo verzichtete auf ihr Erbe zu Gunsten von Buonarrotos Sohn Leonardo. Diesem seinem Neffen, mit dem er bis in seine letzten Tage einen regen Briefwechsel unterhielt, kam von nun an all sein sorgender Familiensinn zu gute. Ein Verlust, der den einsamen Mann ebenso hart traf, wie der Tod eines Angehörigen, war der Tod seines Dieners Urbino (Francesco d'Amadore), der fünfundzwanzig Jahre lang geschrieben hat, sind der rührendste Beweis von der Herzensgüte, welche sich unter seiner rauhen Außenseite verbarg.

Nachdem Michelangelo auf die Ausübung von zwei Künsten verzichtet hatte, blieb ihm die dritte: die Baukunst. Hier konnte er alle seine Schaffensgedanken zu vollkommenem Ausdruck bringen, ohne seinem Körper Anstrengungen zuzumuten, denen derselbe nicht mehr gewachsen war; hier genügten Zeichnungen, und die Lust und Kraft zum Zeichnen behielt er fast bis zum letzten Lebenstage. Michelangelos Bauthätigkeit in Rom begann mit der Vollendung des Farnesischen Palastes, den Paul III, als er noch

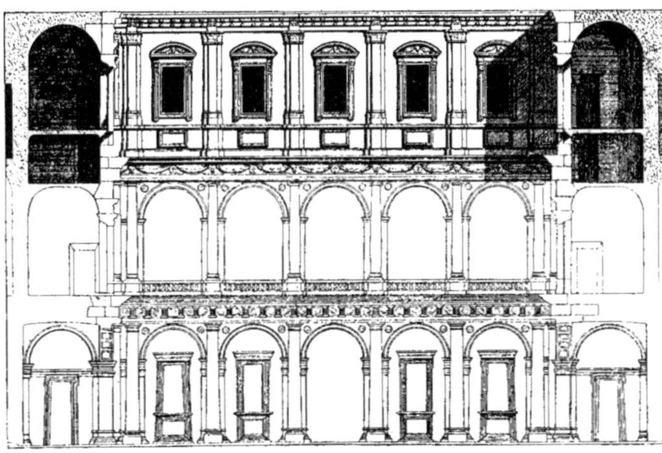

Abb. 91. Hofseite des Palazzo Farneso in Rom (der von Michelangelo entworfene Teil ist durch Schattierung hervorgehoben.)

sein Hauswesen besorgt hatte, der bei der Ausführung des Juliusgrabmals mit beteiligt gewesen war und auch hinsichtlich der Freskomalereien des Meisters ein nicht zu unterschätzendes Verdienst besaß; er war nämlich von Papst Paul III angestellt worden, die Fresken in der Sixtinischen und Paulinischen Kapelle regelmäßig abzustäuben und von den Rußteilchen, welche bei festlichen Beleuchtungen anflogen, zu säubern; wie nützlich diese Vorsichtsmaßregel war, die nach dem Willen Pauls III niemals unterlassen werden sollte, später aber doch versäumt wurde, hat die Zeit gelehrt. Als Urbino erkrankte, ließ der siebzigjährige Michelangelo es sich nicht nehmen, selbst an dessen Krankenlager zu wachen; die Briefe, welche er über den Tod des treuen Dieners

Kardinal war, durch Antonio da Sangallo hatte anfangen lassen, den er aber als Papst reicher und stattlicher, als ursprünglich geplant, zu gestalten beschloß. Auf Michelangelos Erfindung beruhen an diesem Palast, der einer der schönsten Roms ist, das prächtige Bekrönungsgesims der Außenseite und das oberste Stockwerk der Hofarchitektur (Abb. 91). Die Ausführung des Kranzgesimses nach Michelangelos Plan war die Folge eines vom Papst noch bei Lebzeiten des Sangallo ausgeschriebenen Wettbewerbs; den Ausbau des Hofes übernahm Michelangelo erst, nachdem Sangallo gestorben war (1546). Der Tod Sangallos hatte für ihn die wichtigere Folge, daß er an dessen Stelle als Leiter des Neubaues von St. Peter berufen wurde. Die Ernennung geschah durch ein Breve vom 1. Januar 1547, welches dem Meister die Vollmacht erteilte, daß er alle Pläne ändern und ganz nach Gutdünken bauen und niederreißen dürfe, und ihn zugleich den Verwaltern des Kirchenbaues gegenüber vollständig unabhängig machte, ihn sogar von jeder Verpflichtung einer Rechnungsablage entband. Nachdem Papst Paul III gestorben war (10. November 1549), bestätigte dessen Nachfolger Julius III (1550 bis 1555) alle jene Vollmachten. Die Ernennung Michelangelos lautete auf Lebenszeit, und durch den mehrmaligen Wechsel auf dem päpstlichen Thron, den er noch erlebte, blieb seine Stellung als Bauleiter des Petersdoms unberührt. Wohl fehlte es während der siebzehn Jahre von Michelangelos Thätigkeit an diesem Riesenbau niemals an Zank und Ärger. Mißgunst und Besserwissenwollen suchten dem Meister zu schaden. Viel mehr aber noch machten ihm die Bauverwalter zu schaffen, die, unwillig über die Verkürzung ihrer früheren Rechte und auch wohl unzufrieden mit der scharfen Beaufsichtigung, die hinsichtlich ihrer Ehrlichkeit stattfand, bald offen, bald heimlich mit immer neuen Angriffen gegen Michelangelo hervortraten. Mit unanfechtbarer Sieghaftigkeit wies der Meister alle Angriffe, welcher Art sie auch sein mochten, zurück. — Michelangelos Anteil an der endgültigen Gestalt der Peterskirche ist sehr bedeutend, wenn er auch selbst so bescheiden war, sich nur als den Ausführer der Pläne des Bramante, auf die er zurückkam, zu bezeichnen. Vor allem hat er den Ruhm, die Gestalt der Kuppel bestimmt zu haben. Schon gleich im Beginn seiner Thätigkeit als Baumeister von St. Peter beschäftigte er sich mit dem Gedanken an die stolze Kuppel, welche den Riesendom majestätisch bekrönen sollte. Die Kuppel des Doms seiner Heimatstadt schwebte ihm dabei vor Augen; deren Maße ließ er sich im Jahre 1547 schicken. Zehn Jahre später war der Bau so weit gediehen, daß der Aufbau der Kuppel beginnen sollte. Michelangelo machte eigenhändig ein Thonmodell zu derselben, und nach diesem wurde das große Holzmodell hergestellt, welches heute noch im Vatikan aufbewahrt wird und welches für die Ausführung im wesentlichen maßgebend geblieben ist (Abb. 92 und 93). Der alte Meister, der in den letzten Jahren, da ihm die Füße den Dienst versagten, auf einem Maultier auf den Bauplatz zu reiten pflegte, sah den senkrechten Teil des Kuppelgebäudes, die sogenannte Trommel, noch emporwachsen; aber es war ihm nicht mehr vergönnt, die gewaltige Rundung der Kuppel mit ihren unberechenbaren, ausschließlich vom künstlerischen Gefühl bestimmten Umrißlinien sich gegen den Himmel wölben zu sehen.

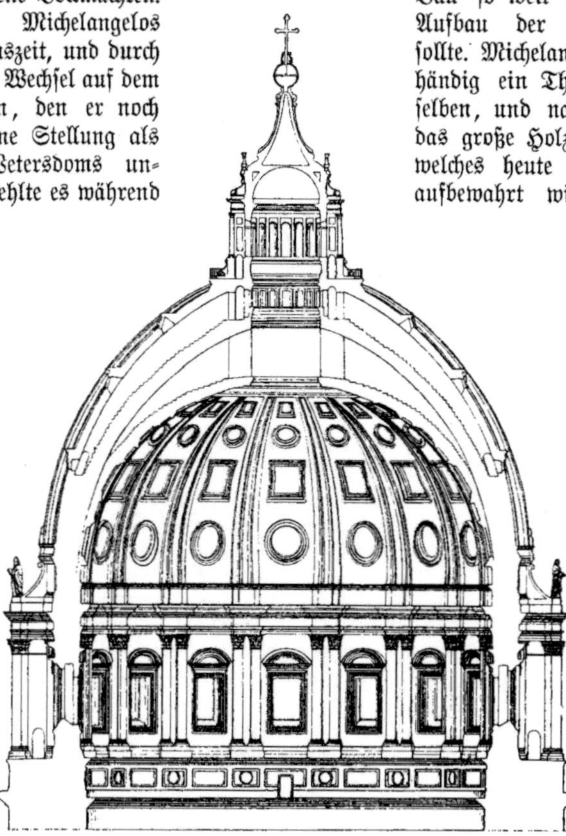

Abb. 92. Durchschnitt von Michelangelos Modell für die Kuppel der St. Peterskirche in Rom.

Neben den Arbeiten an St. Peter beschäftigten noch verschiedene bedeutende Unternehmungen den Meister im neunten Jahrzehnt seines Lebens. Für die Stadt Rom, welche ihn im Jahre 1546 durch die außergewöhnliche Ehrenbezeugung der Verleihung des römischen Bürgerrechts ausgezeichnet hatte, übernahm er die Neuanlage des Kapitolsplatzes. Wenn auch diese Anlage erst nach seinem Tode und nicht ganz getreu nach seinen Plänen zur Ausführung kam, so verdankt doch der ehrwürdige Platz seine stolze jetzige Erscheinung dem Geiste Michelangelos; bemerkenswert ist, daß der Meister sich eines perspektivischen Kunstgriffs — Schrägstellung der beiden seitlichen Paläste — bediente, um die Raumwirkung des Platzes zu erhöhen. — Im Jahre 1559 übernahm er den Weiterbau der unter Leo X begonnenen Nationalkirche der Florentiner in Rom (S. Giovanni de' Fiorentini); doch kamen seine hierauf bezüglichen Pläne nicht zur Ausführung, weil sie zu kostspielig waren. — In dem nämlichen Jahre erhielt er einen Brief von der Königin Katharina von Frankreich, mit der Bitte um die Anfertigung eines ehernen Reiterstandbildes für ihren im Turnier umgekommenen Gemahl. Nicht umsonst berief sich die Tochter Lorenzos de' Medici auf die alte Anhänglichkeit Michelangelos an ihr Haus, um derentwillen sie hoffte, daß der Meister ihr gegenüber sich nicht mit seinem hohen Alter entschuldigen werde. Michelangelo willigte ein, eine Zeichnung für das Reiterstandbild Heinrichs II zu entwerfen; die Ausführung übertrug er dem Daniele da Volterra; durch dessen Tod (1567) wurde die Vollendung des angefangenen Werkes vereitelt. — Von Papst Pius IV, der im Jahr 1559 auf Paul IV folgte, wurde Michelangelo für verschiedenartige Unternehmungen in Anspruch genommen. Er entwarf den Plan zu dem Grabmal, welches der Papst seinem Bruder, dem Markgrafen von Marignano, im Dom zu Mailand errichten ließ. Er gab die Zeichnung zu dem neuen Stadtthor, welches nach jenem Papst den Namen Porta Pia bekommen hat. In den Ruinen der Thermen des Diokletian legte er ein Kartäuserkloster an; der verhältnismäßig wohlerhaltene große Saal der Thermen wurde hierbei, mit möglichster Schonung des Vorhandenen, in eine Kirche (S. Maria degli Angeli) verwandelt. Leider ist diese Kirche durch eine im vorigen Jahrhundert vorgenommene Umänderung in ihrer Wirkung beeinträchtigt worden; der hundertsäulige Klosterhof, in welchem noch eine Gruppe von Cypressen gezeigt wird, die Michelangelo eigenhändig gepflanzt haben soll, hat dadurch, daß er in ein Militärmagazin hineingezogen worden ist, gelitten.

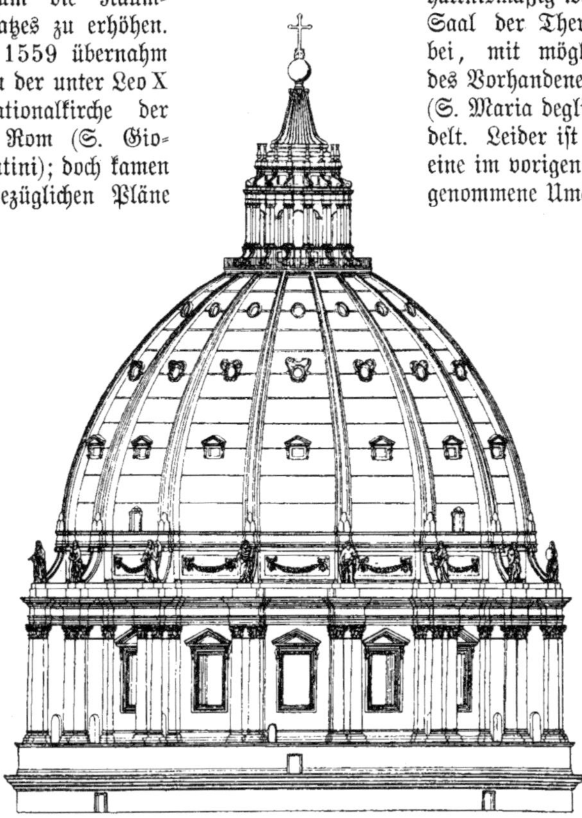

Abb. 93. Äußeres von Michelangelos Modell für die Kuppel der St. Peterskirche in Rom.

Michelangelo dachte wohl bisweilen daran, seine Tage in der Heimat zu beschließen. Der Herzog Cosimo I von Florenz versuchte wiederholt und in der liebenswürdigsten Weise, ihn zur Übersiedelung zu bewegen. Schließlich hätten weder die Beschwerden des Greisenalters, noch auch die Unzufriedenheit mit den politischen Verhältnissen von Florenz ihn an der Rückkehr in die Heimat verhindert; aber der Bau von St. Peter war ein Band, das ihn unlösbar in Rom festhielt. Es erschien ihm als eine schwere Sünde, diesen Bau zu verlassen, an dem er nicht um irdischen Lohnes willen — er hatte jede Art von Gehalt oder Entschädigung abgelehnt, als er die Anstellung annahm —, sondern aus Frömmigkeit und Liebe zu Gott wirkte. So widmete er dem Petersdom den letzten Rest seiner Kräfte.

Am 15. Februar 1564 wurde Michelangelo von einer großen Schläfrigkeit befallen. Er wollte dieselbe durch einen Spazierritt vertreiben; aber die Kühle der Witterung und eine Schwäche in Kopf und Beinen zwang ihn, ins Haus zurückzugehen und in einem ans Feuer gerückten Sessel Ruhe zu suchen. Am 18. Februar, eine halbe Stunde vor Sonnenuntergang, entschlief er im Beisein einiger wenigen Freunde.

Der Leichnam wurde in der Apostelkirche aufgebahrt. Der Papst wollte ihn im Dom von St. Peter, wo sonst nur Päpste zu bestatten Gebrauch war, beisetzen lassen. Aber Michelangelo selbst hatte den Wunsch ausgesprochen, daß sein Leib in Florentiner Erde ruhen möge. Diesen Wunsch teilten der Herzog Cosimo und das nunmehrige Haupt der Familie Buonarroti, Michelangelos Neffe Leonardo. Der letztere ließ den Sarg mit der Leiche heimlich, als Warenballen verpackt, nach Florenz schaffen. Am 12. März wurde der Sarg in der Kirche S. Croce, wo sich der Begräbnisplatz der Buonarroti befand, aufgestellt. Der Direktor der im Jahre zuvor gegründeten Kunstakademie von Florenz ließ den Sarg im Beisein einer ungeheuren Menschenmenge öffnen, und man sah die Züge des Toten noch wohlerhalten. Auf Kosten des Herzogs wurde darauf eine Leichenfeier ins Werk gesetzt, so großartig und prunkend, wie Florenz noch keine gesehen hatte. Monatelang arbeiteten Maler und Bildhauer an der künstlerischen Ausschmückung der S. Lorenzokirche, welche zum Schauplatz dieser Feier bestimmt wurde und wo dieselbe am 14. Juli 1564 stattfand. Es sind mehrere ausführliche Beschreibungen erhalten, die der Nachwelt berichten, mit welchem Aufwand von Kunst und Pracht die Florentiner ihren großen Toten ehrten.

Über der Gruft Michelangelos in S. Croce ließ Leonardo Buonarroti ein stattliches Denkmal errichten. Es zeigt die trauernden Gestalten der drei Künste um einen Sarkophag versammelt, über dem in einer Nische des Wandaufbaues die Büste des Meisters steht. Vasari, der getreue Schüler, gab die Zeichnung dazu, Herzog Cosimo, der Landesherr, schenkte den Marmor.

In Rom wurde an der Apostelkirche ein Ehrengrabmal für Michelangelo errichtet. Darauf war er in ganzer Figur in seiner Arbeitskleidung zu sehen. Die darüber angebrachte Inschrift sagte: Tanto nomini nullum par elogium — an einen solchen Namen reicht kein Lobspruch.

Dem Menschen Michelangelo hat ein Zeitgenosse (Scipione Ammirato) ein schönes Denkmal gesetzt in den Worten: „Neunzig Jahre hat Buonarroti gelebt, und in so langer Ausdehnung der Zeit und der Gelegenheit zu sündigen hat sich nie die Möglichkeit gefunden, ihn mit Recht eines Fleckens oder irgend welcher Häßlichkeit der Sitten zu zeihen."